天才有極限

科學奇葩
阿爾伯特・愛因斯坦

侯東政 —— 著

「每個人都是天才。
但如果你用爬樹的能力評斷一條魚，
牠終其一生都會覺得自己是個笨蛋。」

- 在校成績奇爛無比！
- 諾貝爾獎金變贍養費
- 熱愛和平的世界公民
- 差點成為以色列總統

崧燁文化

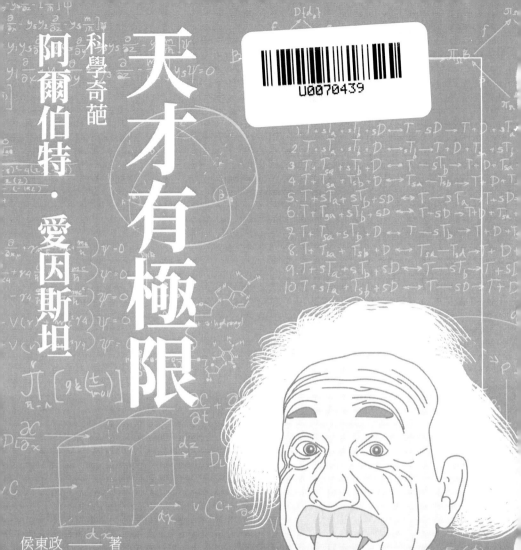

目錄

目錄

目錄

第十一章　偉大理論的驗證

第十二章　偉人的婚姻

第十三章　德國的和平主義者

目錄

目錄

前言

阿爾伯特·愛因斯坦（西元一八七九到一九五五年），舉世聞名的德裔美國科學家，現代物理學的創始人和奠基者，世界著名理論物理學家，相對論的創立者，「原子彈」之父。一九九九年十二月二十六日，愛因斯坦被美國《時代》週刊評選為「世紀偉人」。為了紀念他的偉大功績，第九十九號元素被命名為「鑀」。

愛因斯坦一八七九年出生在德國慕尼黑一個經營電器商店的小企業主家中，父母都是猶太人。在讀小學和中學時，愛因斯坦表現平常，而且性格孤僻，不喜歡與人交往，但他卻憑藉自己的聰明和刻苦自學了歐幾里得幾何、微積分等艱澀的數學、幾何知識，並對其產生了濃厚的興趣。

大學畢業後，愛因斯坦只能靠當「家教」維持生活。後來在朋友的幫助下，被伯恩瑞士專利局錄用為技術員。在那裡，他開始利用業餘時間開

展科學研究，並於一九零五年在物理學的幾個不同領域取得了歷史性的成就。隨後，他還導出了 $E=mc^2$ 這個偉大的公式。這一年也被稱為「愛因斯坦奇蹟年」。一百年後的二零零五年，更因此而被定為「二零零五世界物理年」。

一九一五年，愛因斯坦發表了廣義相對論。他所作出的光線經過太陽重力場彎曲；一九一六年，他所預言的重力波，也於一九七八年得到證實。

愛因斯坦的相對論在西方已是家喻戶曉的名詞，但同時也招來了德國和其他國家的法西斯主義、軍國主義者和排猶主義者的惡毒攻擊。

由於其在光電效應方面的研究成果，一九二一年，愛因斯坦被授予諾貝爾物理學獎。

在兩次世界大戰中，愛因斯坦積極投入到反戰活動當中，並因此成為政治鬥爭中的受迫害對象。面對種種危險的境地，愛因斯坦不屈不撓，依然堅持宣揚自己的和平、自由、民主的政治理論。

一九三九年，愛因斯坦上書美國總統羅斯福，建議研製原子彈，以防止德國納粹先行研製出來，用於戰爭。第二次世界大戰結束前夕，美國在日本廣島和長崎分別投下原子彈，愛因斯坦對此強烈不滿，他最初意欲維護和平的理想被現實打碎。戰後，為開展反對核戰爭的和平運動和反對美國國內法西斯主義，愛因斯坦進行了不懈的反抗。

一九五五年四月十八日，這位偉大的科學巨人、和平主義者在美國普林斯頓病逝，享壽七十六歲。

愛因斯坦雖然離開了這個世界，但他獨立思考、勇於創新、努力探索和崇尚真理、反對戰爭、爭取和平與平等的精神卻永遠不會消逝。

本書從愛因斯坦的兒時生活開始寫起，一直追溯到他所創立的偉大科學家理論，以及在科學事業上所取得的輝煌成就，再現了愛因斯坦不平凡的一生，讓讀者能夠真切地了解這位科學巨人坎坷而充滿磨難的人生歷程，體會他對科學事業的追求，以及他為人類自由、解放事業所做出的傑出貢獻。

前言

第一章　好奇的少年

一個人的價值，應該看他貢獻什麼，而不應當看他取得什麼。

——愛因斯坦

（一）沉默的獨立思維

在德國南部的巴伐利亞州，有一個名叫烏姆的美麗而古老的小城。這裡風景秀麗，氣候宜人。

一八七九年三月十四日的這天，在一戶猶太人家裡，赫爾曼·愛因斯坦和他年輕的妻子懷著無比激動的心情，迎來了他們期待已久的第一個男孩。

可是，當這個孩子出生後，這對夫妻卻被他那碩大的有稜角的後腦勺驚呆了，甚至以為他是個怪物。

幾週後，男嬰的大腦袋慢慢顯得正常了，可那很寬的後腦勺依然存在，並成為伴隨他一生的特徵。

赫爾曼給兒子起名為阿爾伯特·愛因斯坦，第一個字母用A開頭，與孩子的祖父名字的第一個字母相同，為的是紀念自己的父親。當初這對夫婦一定想不到，這個有著大腦袋寬腦勺的男孩，日後竟然能夠成為一名享譽世界的物理學家。

在烏姆，赫爾曼擁有一家電氣工廠。可在愛因斯坦出生那一年，赫爾曼的工廠倒

（一）沉默的獨立思維

閉了，一家人便搬到了慕尼黑。在親戚們的幫助下，赫爾曼又重新辦起了工廠。在這座德國南部的第一大城市，愛因斯坦一家度過了苦澀而艱難的十四年。

赫爾曼並不是一個善於經商的人，所以在慕尼黑也只能勉強維持生活。但他卻是一個誠實樂天的人，對德意志民族那種追求崇高人格、自由精神的文化傳統如痴如醉。小時候，由於父母沒錢供他上學，他才不得不棄學經商。但每天晚上，他都沉醉在詩人席勒、海涅等人的優美作品當中。

愛因斯坦的母親寶琳．科克賢惠能幹。她的家境也比較富裕，受過良好的教育，她喜歡文學，也熱愛音樂。

可以說，赫爾曼與妻子寶琳志趣相投，愛好高雅，這為小愛因斯坦的成長提供了品味高雅的文化氛圍。

由於出生一年後，一家人便遷到慕尼黑，所以愛因斯坦對自己的出生地沒有什麼特殊的感情。不過，後來當地的一位記者在採訪這位烏姆最出色的兒子時，愛因斯坦還是說：

「一個人和他的出生地的聯繫，就像母親和孩子之間的聯繫，……每當我想起烏姆，就充滿了感激之情。」

赫爾曼一家是個幸福、和諧、溫暖的小家庭。在空餘時間，赫爾曼經常興高采烈地帶著全家人到郊外去遊玩。在飽覽湖光山色之後，一家人就在外邊野餐：喝啤酒、香檳，吃美味的烤肉和香腸。田野、森林、河湖與山巒給小愛因斯坦一種全新的感受，使他樂而忘返。從小就受到大自然的薰陶，也培養了愛因斯坦對大自然無限熱愛的感情。

童年時代的愛因斯坦似乎是個遲鈍的孩子，對世界的理解很吃力，到四五歲了還不太會說話，而且會說話後，話也說得非常少。他經常獨來獨往，還時常躲開其他夥伴。即使同家人在一起，他也只是個沉靜的觀眾。誰要是破壞了他獨處的心境，一向沉靜的他情緒就會突然激烈地爆發。這與比他小兩歲的妹妹馬雅整天嘰嘰喳喳地說個沒完形成了鮮明的對比。為此，父母非常著急和擔心：

「難道小阿爾伯特是個低能兒，是個傻子？不，不，不可能！他那雙棕色的大眼睛多麼明亮，還有他那可愛的腦袋一歪，一個人躲在角落裡玩，應該有很多聰明的主意在他的腦袋裡吧！」

由於懷疑愛因斯坦是個低能兒，父母還為他請過醫生呢！他們沒想到，這個被懷疑是「低能兒」的孩子，長大後居然成為一名著名的科學家。從這時期，愛因斯坦就習慣於用這種沉默的獨立思維面對著周圍的世界。

（二）古怪的脾氣

愛因斯坦雖然看起來比較遲鈍，但他也有一般孩子所缺乏的特點。在他很小的時候，當母親寶琳彈鋼琴時，他就一個人默默地跑到母親的身後，專心地傾聽母親彈琴。

當寶琳第一次發現兒子這樣做時，十分高興，忍不住誇小愛因斯坦說：

「瞧你，一本正經的樣子，簡直就像個大教授！」

「阿爾伯特，去花園裡玩吧！」一次，寶琳見愛因斯坦又在她身後一動不動地聽鋼琴，就建議他說。

可是，小愛因斯坦還是一動不動，很情願地站在那裡聽母親彈琴。他喜歡貝多芬更勝過花園中的花花草草。

有時晚上睡覺時，當他聽到鋼琴聲後，他就會悄悄地從臥室裡溜出來，躲在樓梯的暗處傾聽樓下母親的彈奏，彷彿這美麗、和諧、偉大的音樂引起了他那幼小心靈的強烈共鳴。或者說，這些都是愛因斯坦與生俱來的。

愛因斯坦一生都很喜歡音樂，從小就喜歡拉小提琴，並從六歲開始就正式學拉琴了。

開始時，他是拉一把玩具小提琴。在七歲生日那年，寶琳送給兒子一把真正的小提琴。但在剛剛學習時，一連幾個小時機械重複的弓法和指法練習根本就不是心靈的享受，而是對軀體的折磨了，因此愛因斯坦也感到厭煩。

後來，當他真正體會到莫扎特的作品所帶來的快樂時，他才真正迸發出練琴的熱情。小提琴此後便伴隨愛因斯坦一生，拉琴也成為他最喜歡的生活娛樂之一。

愛因斯坦五歲的時候，家裡給他請來了一位女教師，為他做學前輔導。可是不久，這位女教師就發現這個孩子的脾氣實在是太壞了，當什麼事情不合他的心願時，他就會大發脾氣，臉色蒼白，樣子十分可怕。

（二）古怪的脾氣

有一次，因為不喜歡聽課，他居然抓起一把小凳子向女教師砸了過去。女教師嚇跑了，再也沒回來。

直到七歲後，他的這種糟糕的脾氣才慢慢好一些。

愛因斯坦雖然不喜歡說話，可他卻從小就喜歡觀察與思考。在他大概四五歲時，有一天，父親赫爾曼買回來一個羅盤給愛因斯坦，愛因斯坦聚精會神地抱著這個奇妙的東西端詳了許久。

他發現，這個羅盤不管怎麼轉，那根細細的紅色磁針總是指向北邊。這讓愛因斯坦感到從未有過的好奇。他想，一定是有什麼東西深深地影藏在這件奇特的東西後面，否則不會出現這麼奇妙的事。

這給愛因斯坦幼小的心靈留下了極為深刻而持久的印象，喚起了他那強烈的好奇心。

「爸爸，這個圓盤的後面藏著什麼東西嗎？」

赫爾曼用手翻轉羅盤，讓愛因斯坦前前後後看個清楚，然後對他說：

「就像你看到的這樣，圓盤裡面除了這根指針，什麼都沒有。」

「那麼，它的指針為什麼總是指著同一個方向呢？」

「那是因為磁力，是地球的磁力使它永遠指向北方。」赫爾曼向兒子解釋說。

「磁力？磁力是什麼？它藏在哪裡？我怎麼看不見它呢？它能使圓盤的指針轉動，可我為什麼感受不到它呢？……」小愛因斯坦一個接一個問題地問，赫爾曼都不知道該怎麼回答他了。

後來，愛因斯坦在六七歲時寫的《自述》中說到了這件事：

當我還是個四五歲的孩子，在我的父親給我一個羅盤的時候，我經歷過這種驚奇。羅盤以如此確定的方式行動，根本不符合那些在無意識的概念世界裡能找到位置的事物的本性。我現在還記得，至少相信我還記得，這種經驗給我一個深刻而持久的印象，我想一定有什麼東西深深地隱藏在事物的後面。凡是人從小看到的事情，不會引起這種反應：他對於物體下落，對於風和雨，對於月亮不會從天上掉下來，對於生物與非生物之間的區別等等，都不會感到好奇。

羅盤的奧祕深深地觸動了愛因斯坦敏感而早熟的童心，雖然他的問題沒有在父親那裡全部獲得答案，但他並沒有放棄。此後一連很多天，家人都看到他每天拿著那個小羅盤，一次又一次地重複擺動、翻轉、思考、搖頭……就像著了魔一樣。

（三）學習音樂

在家庭女教師被愛因斯坦嚇跑後，赫爾曼先生便決定將他送到學校讀書，希望這可以讓愛因斯坦的脾氣改一改。

一八八五年十月一日，愛因斯坦被父親赫爾曼送到了慕尼黑城裡一所不錯的公立天主教小學上學。

在辦理入學手續時，赫爾曼先生將愛因斯坦帶到音樂老師面前說，希望每天放學後，老師能夠教授愛因斯坦學習演奏小提琴，這是他太太的意思。

音樂老師是當地有名的小提琴家，他很高興地將赫爾曼父子帶到音樂教師裡，並仔細地看了愛因斯坦的手指，然後讓他隨意地唱歌。

愛因斯坦開口便唱了他小時候就聽熟了的「催眠曲」，聲音有些發抖。老師瞪大眼睛鼓勵他說：

「別緊張，阿爾伯特，你會唱得不錯！你還會唱什麼呢？」

愛因斯坦又唱了幾首，老師說：

「上帝，我聽見了多瑙河的水聲，看到了哥德式大教堂的塔尖。你唱的好像是巴伐利亞一帶的民謠，這是誰教你的？」

「是我太太，老師。」赫爾曼先生恭恭敬敬地回答說，「我們過去曾住在巴伐利亞的烏姆，阿爾伯特就是在那裡出生的。我太太寶琳喜歡音樂，經常到鄉間去採風，回來就會教給孩子。」

老師點點頭，然後打開鋼琴，開始彈奏。愛因斯坦瞇著眼睛，跟著節奏輕輕地晃動著大腦袋。

老師看了他一眼，問道：

「孩子，你感受到了什麼？」

「魚。老師，有魚在游。」

老師停止彈奏，然後笑著轉過身，對赫爾曼說：

「赫爾曼先生，我剛才彈奏的是舒伯特的《鱒魚》。祝賀您，阿爾伯特以後一定能夠成為一個天才的音樂家。」

從這天開始，愛因斯坦就開始每天背著書包，帶著一把小提琴去上學了。由於不愛說話，同學們都不愛理睬他，還給他取了一個外號，叫他「無聊的約翰」。

在學校裡，愛因斯坦除了喜歡空想和拉琴外，並沒有表現出特別的才能來。他念的學校是一所古典式的預校，教學方式呆板而枯燥，這完全不合他的口味。每天上課，要麼是死記硬背那些拉丁語法和希臘語法，要麼是背誦那些枯燥乏味的歷史大事記。教師們都仿效軍官的樣子，學生們看起來則像士兵。

愛因斯坦後來在回憶這段學習經歷時，曾這樣說：

「對我來說，小學老師就好像是士官，而中學老師好像是尉官。」

學校教條式的教育抑制了愛因斯坦的才華，那些死記硬背的功課全都令他感到不滿和厭惡。因此，他的成績也十分不好，老師們經常責備他「不守紀律，心不在焉，想入非非」。

（三）學習音樂

一位教師還對他說：

「愛因斯坦，你永遠都不會有什麼出息的！」

而另一位教師乾脆就讓赫爾曼將愛因斯坦帶回家，因為覺得他出現在教室裡有損其他學生的尊嚴。

這種專橫、強制的教育方式早就讓愛因斯坦感到不滿了，不過幸好他還比較喜歡數學。每天在課間休息時，同學們都跑出去玩，愛因斯坦就一個人孤獨地留在教室裡，在紙上無聊地做數學題，課本上沒教過的那些練習題他都做，一直到把每個題目都解答出來，他才會露出滿意的笑容。

第二章　慕尼黑中學時代

一個對社會的價值，首先取決於他的感情、思想和行動對增進人類利益有多大作用。

——愛因斯坦

（一）宗教疑惑

在當時的德國學校裡，老師除了教授學生閱讀和數學、歷史之外，還會教宗教。慕尼黑大部分居民都是天主教徒，因此愛因斯坦學會了許多關於天主教的事物。老師所教的，和他自己的猶太牧師所教的並沒什麼太大的差別。

有一天，上歷史課時，老師講到了宗教和耶穌的故事。最後，歷史老師有點情緒激動地說：

「耶穌蒙難，是被他的弟子猶大出賣的！成了囚徒的耶穌，背著沉重的十字架，赤腳走在稜角尖銳、鋒利的石子路上。後來和那些強盜土匪一起，被釘死在十字架上！」

為了加強感染力，老師還拿出一件道具——一根生鏽的大鐵釘，說：

「主啊，就是這根鐵釘，讓你受難！我們世世代代都要詛咒那出賣老師的猶太人猶大！」

愛因斯坦所在的學校是一所天主教學校，其中只有愛因斯坦一個人是猶太學生。

（一）宗教疑惑

所以老師說完這句話後，孩子們的眼光一下子都轉向了愛因斯坦。愛因斯坦第一次感受到了什麼叫做屈辱。

在回家的路上，父親赫爾曼發現兒子心事重重的，就問他怎麼了。

「爸爸，我們是德國人嗎？」愛因斯坦抬起頭問父親。

「是的，我們的祖國是德國，那是生養我們的國家。」

「可是爸爸，」愛因斯坦的語氣急促起來，「為什麼我又是猶太人呢？」

「孩子，你是！我們全家，都是猶太人！」赫爾曼表情嚴肅地說，「我們是偉大的德國人，但從血統上來說，我們也是偉大的猶太民族！」

赫爾曼明白，成長中的兒子遇到了不可迴避的宗教問題。他們幾代人一直都不在猶太住宅區生活，而是居住在普通的德國人當中。時間長了，他們猶太人的宗教和生活習慣概念已經淡薄了，因此愛因斯坦至今還不知道猶太民族的宗教和歷史。

於是，赫爾曼就認真地告訴兒子說：

「背叛上帝的只是一個名叫猶大的猶太人，將耶穌釘在十字架上的是羅馬的暴君。你更要知道，耶穌本人，也是我們猶太人。」

愛因斯坦沉默了。他想，猶太人當中出了一個卑鄙的猶大，可是也出了一個救世主耶穌，為什麼老師只說猶大是猶太人，而不告訴大家，上帝也是猶太人呢？

此後每天放學後，愛因斯坦最大的樂趣就是獨自一個人沿著伊薩河的河岸，走上很長一段路。他經常停下來休息，然後回想著有關教會的事，有時他還偷偷地溜到聖母教堂的最後幾排座位上，坐下來凝視這座光線陰暗的大教堂牆壁上那些先知和聖徒們的雕像。

在這寧靜而幽暗的氣氛中，愛因斯坦企圖尋找出那些一直困擾他的問題的答案：上帝是否像愛基督教徒那樣愛猶太人？宗教老師經常說：「神是我們的父親，我們都是他的孩子」，既然大家都像是一家人，為什麼基督徒還要把他們的教堂和猶太人的教堂分開呢？

他想不清楚這些問題，也不願意與父親討論，因為父親並不關心這些。對愛因斯坦來說，在每天都會增加一點困惑的世界中，這也只不過是另一個令他感到困惑的問題之一而已。

因此，在此後的幾年中，愛因斯坦就這樣在孤獨和困惑中度過。他對學校的厭惡，只有在放學後到湖邊或山間休息時，才能稍微獲得緩解。

（二）接觸幾何

愛因斯坦九歲那年，進了慕尼黑一所很有名的路易波爾德高級中學。

在一八八八年時，德國正處於俾斯麥執政的強盛時期。由於軍國主義的鐵血政策，使學校這塊聖地也實行了軍事化的管理模式。

開學後，愛因斯坦領到了路易波爾德高級中學的校服。這套校服完全是陸軍深藍色軍官服的仿製，帽子的前面還鑲著金屬做的「G」字形帽徽，十分引人注目。有的同學當場就穿戴起來。整個大禮堂，就彷彿變成了軍營。

校長很興奮地對同學們說：

「我的士兵們，你們的領章上都有你們的學銜：一年級是一道銀帶，二年級是兩道。升到五年級後，就可以換成一道金帶了。等你們八年級畢業的時候，全都是四道金帶的——」

一些熱血沸騰的同學們聽完，馬上齊聲高呼起來：

「將——軍——閣——下——」

校長也高興地大喊起來：

「路易波爾德高級中學，萬歲！」

在這種狂熱的氣氛中，愛因斯坦一個人默默地提著校服包離開了。

赫爾曼先生看到兒子回來，開心地說：

「哦，我們的中學生回來了。」

愛因斯坦也沒有做聲。

母親寶琳接過兒子的校服包，把衣服拿出來看了看，驚訝地說：

「上帝啊，穿上它，就會讓人想起可怕的戰爭！」

聽了媽媽的話，愛因斯坦嘟噥了一句：

（二）接觸幾何

「小學是小軍營，中學是中軍營，那麼大學可就是大軍營了。」

「爸爸，為什麼世界上要有軍隊，為什麼要有殺人的槍炮呢？」

赫爾曼先生不知道該怎麼回答兒子的這個奇怪的問題。

路易波爾德高級中學是一所教學管理十分嚴格的學校，學生們稍有違規行為，就會遭受到嚴苛的體罰。愛因斯坦是個很安靜的孩子，不頑皮，也不惹事，總是默默地坐在教室裡。不過看到有的同學被擰耳朵、被教鞭抽打時，他就會感到窒息。

學校的大部分時間都是用來教授希臘文和拉丁文，愛因斯坦對這兩種文字十分痛恨，不過後來他卻從希臘古典文學中獲得了許多靈感。

在年幼的時候，愛因斯坦覺得這兩種文字不但枯燥無味，而且還艱澀難懂。對於一個不喜歡「操練」的學生來說，這兩種語言實在是沒有意義，愛因斯坦也越來越感到不耐煩。

因此在課堂上，他常常會一個人默默地思考著那些令他感到困惑的問題。有人說，想要找出事情的「原因」和「經過」的，就是科學家。這樣說來，愛因斯坦早已是一個科學家了。

學校的生活同樣沒有讓愛因斯坦感到快樂。愛因斯坦覺得，在這樣的學校裡上學根本就不是學知識，而是受罪！只有數學和物理能夠引起他些許的興趣，因為他本來就喜歡數學和物理，但這些學科在路易波爾德中學教起來，也像軍事訓練一樣乏味。愛因斯坦因為學不會，也不願意背書，結果記分冊上沒有一門功課的成績是可以誇耀的。

不僅如此，他還不止一次地聽到老師在背後說他笨，這讓愛因斯坦又傷心又難過。

這個時期，小愛因斯坦主要是靠自己學習一些感興趣的功課。在這方面，父輩兄妹五個人中唯——個上過大學的雅各布叔叔幫了他很大的忙。

雅各布是個工程師，也是個數學愛好者，還是一位善於諄諄教誨的好老師。但那時愛因斯坦還不知道什麼叫代數，什麼叫幾何。

「代數嘛，是一門十分有趣的科學。解代數題就像是一場狩獵活動，就好像要捕獲的獵物，無論它怎樣深藏不露，獵人都有辦法透過各種已知的條件和線索，一步一步將它搜尋出來。」

（二）接觸幾何

「幾何嘛，那就更有趣了。而且比起代數來，幾何是一門需要更高智慧的學問，是一種對人的智力的更大考驗……」

雅各布叔叔邊說著，邊在紙上畫了一個直角三角形，並在三角形的三個頂角上標上了A、B、C三個字母，然後問愛因斯坦：

「你仔細看看，這個直角三角形的三條邊相互之間有什麼關係？」

愛因斯坦看了半天，覺得這三條邊好像差不多長，看不出它們之間有什麼關係。

接著，雅各布叔叔在紙上又寫下了一個公式：

$a^2+b^2=c^2$

然後又對愛因斯坦說：

「這個公式的意思是說：直角三角形的兩個直角邊的平方和，等於斜邊的平方。」

愛因斯坦對這個三角形看了半天，對這個公式有些懷疑：這個三角形的三條邊明明是差不多長，怎麼會有這樣的關係呢？

於是，他就用手指當尺，在圖上量來量去的。

看到愛因斯坦的樣子，雅各布叔叔笑了起來，對他說：

「孩子，不用這樣去量。這個公式對所有的直角三角形都適用，無論它們的形狀、大小怎樣變化，這三條邊的關係都是不會變的。這個公式已經經過嚴密的證明了，是絕對不會錯的。這就是幾何學上著名的畢達哥拉斯定理。畢達哥拉斯是生活在兩千多年前古希臘的一位數學家，這個定理就是他證明出來的。孩子，兩千多年前的古人就證明了這個定理，你要不要也證明一下看看？」

雅各布叔叔的這個建議極大地激發了愛因斯坦的好奇心和好勝心，他真的決心要試一試。

(三)思考幾何

一連幾個星期，愛因斯坦都完全沉浸在他以前從未接觸過的幾何學的迷宮當中。

最後，他終於得出了一個結論：對直角三角形三條邊的關係起主要作用的是其中的一個銳角。在思考過程中，他自己做了一些合理的假設，最終將這個定理證明出來。

當愛因斯坦將自己的證明拿給雅各布叔叔看時，雅各布叔叔簡直喜出望外。他沒想到，這個剛剛十二歲的少年會真的能夠獨立地將畢達哥拉斯定理證明出來。

幾天後，雅各布叔叔送給愛因斯坦一本名叫《聖明幾何學》的書，是歐幾里得寫的。愛因斯坦如獲至寶。

雅各布叔叔告訴愛因斯坦，歐幾里得是平面幾何學的創始人，也是古希臘的大數學家，這是一本人類的智慧之書。

愛因斯坦翻開書，發現裡面都是計算式和各種各樣的圖，有些很像埃及長老的藏寶圖，看上去有一種很神祕的感覺。他一下子就喜歡上了這本書。

雅各布叔叔又說：

「這本書很難懂的，有時候可能你幾天也讀不了一頁呢。」

「我不信！」愛因斯坦有點不服氣。

雅各布叔叔笑了，他隨意地翻到一頁說：

（三）思考幾何

「這一頁有兩道題，你試試看，要花多少時間能解出一道來？」

愛因斯坦看了一下，第一道題只有幾個字：

「三角形的三條高相交於一個點。」

看上去這好像是個很簡單的題目，可思索起來卻又讓人感到高深莫測，他有些迷糊了。

雅各布叔叔拿起一支筆，在白紙上畫了一個很大的三角形，然後畫上幾條輔助線，點上幾個點，再註上幾個字母，然後把題目向愛因斯坦又解釋了一遍，最後說：

「認真思考一下，給你一個禮拜時間，看看我的侄兒有沒有猴子那樣聰明。」

接下來的幾天，愛因斯坦便時刻都在思考著這道幾何題。在學校裡，同學們在操場上遊戲、打球時，他就一個人坐在圍牆邊的灌木叢裡，用一根樹枝在地上畫來畫去，都是些同學們看不懂的圖形。

開始時，他總是在三條邊和它們的高上找關係，後來又添加一些輔助線，還是沒

（三）思考幾何

有解答出來。

這天在家裡，他又思考起這道題目來。想著想著，不知不覺來到院子裡。院子很大，種著很多花草和冬青樹，也堆著一些雜物。在圍牆邊上有兩個很大的螞蟻洞，兩窩螞蟻常常打仗，黑壓壓的一片。小時候，愛因斯坦常常在這裡一蹲就是半天。

突然，愛因斯坦看見在螞蟻窩上面，在牆和薔薇之間，結了一個很大的蜘蛛網，一輪輪多邊形的蛛網正在微風中晃動。一隻灰黑色的大蜘蛛從網的中心垂直吊下來，正專心致志地對付著一隻被網黏住的小飛蟲。

愛因斯坦目不轉睛地看著蜘蛛吊下來的那根絲——垂線，垂線！

他立刻想到，用垂線方法可以解開那道題。愛因斯坦飛快地衝進屋子，草草在紙上畫了一下，茅塞頓開。沒多久，這道題就求證成功了！愛因斯坦興奮地在蹦了起來。

接下來的幾天，愛因斯坦又陸續解了好幾道題。一週後，雅各布叔叔來了，愛因斯坦捧著一大摞凌亂的草稿紙，看到書上好幾個題目都打上了對鉤，雅各布叔叔驚奇地睜大了眼睛。

「下個禮拜堂，我再送給你一本書，」雅各布叔叔說，「也是歐幾里得的，名叫《歐式大代數》，它的難度更大，因為代數沒有直觀的圖形，全靠自己的思維想像。」

「太好，謝謝叔叔！如果將來我能當個數學家，那可真不錯！」愛因斯坦興奮地說。

(四) 唯物主義思想萌芽

在愛因斯坦中學時期，有兩個人帶領他步入了自然科學領域，一個是他的叔叔雅各布，另一個是一位來自俄國的猶太大學生馬克．塔爾梅，當時在慕尼黑大學讀醫學。

在愛因斯坦讀中學期間，父親赫爾曼會遵照古老的猶太習俗，每週都會邀請一些貧苦的學生到家中用餐一次。如果某位學生有幸多次接受這種定期的邀請，在求學期間就不會害怕餓肚子了。

每週四到赫爾曼家中吃晚餐的人當中，就有塔爾梅。塔爾梅雖然是學醫學的，但

（四）唯物主義思想萌芽

他對其他的自然科學知識及哲學等，均有很濃厚的興趣。他對小愛因斯坦超常的求知慾望和學習能力很驚嘆。

一開始時，塔爾梅總是與愛因斯坦談論一些數學上的問題，這引起了愛因斯坦對數學的濃厚興趣。厭倦學校枯燥的教學方式的愛因斯坦乾脆自己學起了微積分知識。他所提出的各種數學題，經常弄得中學老師張口結舌，不知該怎麼解答。因此，在學校裡，愛因斯坦的數學成績總是第一，但老師卻並不喜歡他。

不過，塔爾梅卻並不嫉妒愛因斯坦，雖然不久後他就發現自己已經不是愛因斯坦的對手了，但他依然熱情地為愛因斯坦介紹當時流行的種種自然科學書籍，以及康德的哲學著作，尤其是布赫納的《力和物質》、伯恩斯坦的《自然科學通俗讀本》等，這些作品都給愛因斯坦留下了深刻的印象。

《力和物質》與《自然科學通俗讀本》在當時是風行一時的兩本書。前者講宇宙是按照永恆的機械性循環運行的，世界是由自然科學和力所操縱著的；後者講的是星和隕星、地震和風暴等許多自然科學方面的故事。

由於這些書都是主張無神論的，因此在中學是禁止閱讀的，愛因斯坦只能偷偷地在家裡看。書中的內容將一個井然有序的自然界展現在愛因斯坦面前：宇宙、自然界的人，一切都似乎有規律的；今天的人是從昨天發展來的；有昨天、今天，就必然會有明天；知道了世界的圖景，我們可以上溯前年，也可以下推千年，以往的世界和未來的世界我們都可以看得清清楚楚。

但這也令愛因斯坦感到驚訝：那麼萬能的上帝呢？這些書引起了愛因斯坦思想上的巨大震動和深刻變化，這從他後來自己回憶中就能明顯地看出來：

這些信仰在我十二歲的時候就突然中止了。由於讀了通俗的科學書籍，我很快就相信《聖經》裡的故事有許多不可能是真實的。其結果就是一種真正狂熱的自由思想，並且交織著這樣一種印象：國家是故意用謊言來欺騙年輕人的，這是一種令人瞠目結舌的印象。這種經驗引起了我對所有權威的懷疑，對任何社會環境裡都會存在的信念完全抱一種懷疑的態度。這種態度從此就再也沒有離開過我，即使到後來，由於更好地搞清楚了因果關係，它已經失去了原有的因果性時也是如此。

我很清楚，少年時代的宗教天堂就這樣失去了。這是使我自己從僅僅「作為個人」的桎梏中，從那種被願望、希望和原始感情所支配的生活中解放出來的第一個嘗

（四）唯物主義思想萌芽

試。在我們之外有一個巨大的世界，它離開我們人類而獨立存在，它在我們面前就像一個偉大而永恆的謎，然而至少部分地是我們的觀察和思維所能及的。對這個世界的凝視深思，就像得到解放一樣吸引著我，而且我不久就注意到，許多我所尊敬和欽佩的人，在專心從事這項事業當中，找到了內心的自由和安寧。在向我們提供的一切可能的範圍裡，從思想上掌握這個在個人以外的世界，總是作為最高目標而有意無意地浮現在我的心目中……

通向天堂的道路，並不像通向宗教天堂的道路那樣舒坦和誘人。然而，它已證明是可以信賴的，而且我從來也沒有為選擇了這條道路而後悔過。

在表明，作為科學探索前提的唯物主義思想，愛因斯坦早在十二歲的中學時期就已經開始產生了。

第三章　中途退學

探索真理比占有真理更為可貴。

——愛因斯坦

(一)挑戰老師

愛因斯坦越來越不喜歡學校裡的課程了，因為教學的進程太緩慢。即便是一個很簡單的定理，也要講上好幾節課，令他感到十分厭煩。

數學老師也發現了愛因斯坦的變化，因為上課的時候，他不再像以前那樣表現出旺盛的求知慾了。

有一天，數學老師在上課時看到愛因斯坦好像有些心不在焉，就讓他到講台上來，在黑板上演算一道要運用圓周率的題目。

愛因斯坦看了看題目，然後拿起粉筆刷刷刷地寫起來。同學們和老師都看得目瞪口呆：愛因斯坦寫的都是一些什麼符號啊？一道小題目，他居然密密麻麻地寫了一大塊黑板！

數學老師看了半天才明白，這道題目原本只需要直接運用圓周率就可以解出來，可愛因斯坦卻將圓周率也作為未知數，竟然用微積分的知識在式子中將它計算出來了！

（一）挑戰老師

看到同學們不解的目光和驚訝的表情，老師向同學們解釋了原因，同時也表揚了愛因斯坦這位天才學生，可心裡卻有些不是滋味。

有一次，數學老師向物理老師談起了愛因斯坦的這件事，沒想到物理老師的反應十分激烈，一口咬定愛因斯坦是在向老師挑戰。

原來，物理老師在講牛頓第一運動定律時，課間，愛因斯坦就用高等數學在黑板上演算了第二、第三運動定律的推導，同學們都眾星捧月般地將他圍在中間，而物理老師卻被晾在了一邊，這讓他的自尊心深受傷害，因此對愛因斯坦特別不滿。

這一天，班長走到愛因斯坦跟前，告訴他說，訓導主任弗里德曼要他去一趟。愛因斯坦忐忑不安地走到訓導室。弗里德曼主任見愛因斯坦進來了，就口氣很平和地問他：

「你最近在讀些什麼書？」

愛因斯坦小心翼翼地回答：

「《通俗科學大系》天文冊。」

弗里德曼主任聽完，忽然笑了起來，說：

「這可是好書啊！聽說你還經常拉小提琴？」

「是的，我有時候還會彈彈鋼琴。」愛因斯坦的緊張的神經漸漸放鬆下來。

「哦，你學微積分，用的誰的書？學了多久？」弗里德曼主任又問。

「律布森的教材，只學了兩年。」愛因斯坦有些得意。

「哦，才兩年，那應該學到無窮級數了吧？」弗里德曼主任問，「你在讀天文冊，那你能不能告訴我，宇宙有多少質量？宇宙中有多少個星系嗎？」

「先生，宇、宇宙是無限的……」愛因斯坦小心地回答，他感到有些害怕。

「哦，你原來還是跟在大師們的後面啊！」弗里德曼主任突然提高了嗓門，「阿爾伯特．愛因斯坦先生，宇宙是無限的，科學也是無限的，就是人對人的本身，也是充滿了許多未知數：你的前面有這麼多的大師，都是從加減乘除一步一步學起的。所以請你記住，學問是無止境的！」

這天放學後，愛因斯坦沒有搭乘馬車回家，而是一個人沿著郊外的車道慢慢走回去的。他感到有些沮喪，但是，弗里德曼主任說得也沒有錯，一切都是無止境的：天空是無止境的，宇宙是無止境的，學問也是無止境……

（二）獨留德國

在塔爾梅的幫助下，短期內閱讀了二十多本著作後，愛因斯坦的知識更加豐富了。但他知道，最好不要在學校裡與老師談論這些書中的內容，幸好雅各布叔叔和塔爾梅可以成為他很好的聽眾。

「當然，我可以在化學和生物方面給予你指導，」塔爾梅說，「但是，我希望我在數學方面的了解能與你一樣。當你解出我們不會的問題時，我總是覺得自己很笨。畢竟我比你大十歲，而且，我還是個大學生。」

這讓十四歲的愛因斯坦高興地羞紅了臉，像這樣的讚美多麼寶貴啊！在學校裡，可從來沒有人這樣讚美過他。不但沒有讚美，他還經常受到老師的批評和打擊。他不知道，當他的數學老師發現他這個羞怯而沉默的學生已經自學了他尚未在班裡講過的幾本教科書時，將會怎麼樣。

「其實很簡單，」愛因斯坦說，「幾何與微積分的一切都計劃得相當完美，就像是舒伯特的小夜曲一樣。」

愛因斯坦完成沉浸在自己對各種學問的求索之中，完全沒有注意到父親赫爾曼先生已經不像以前那麼樂觀了。雅各布叔叔來的次數也少了，來了也不再像以前那樣與他說說笑笑的，而是在書房裡與父親談事情。

有一天，居住在義大利的一個名叫加洛尼的親戚寄來了一封信。第二天，父親便把愛因斯坦叫到書房，把這封信給他看。

這是一封商業信件，上面寫的都是電工器材在義大利的市場銷售情況。愛因斯坦感覺有些疑惑，就問父親：

「我們是準備在美麗的義大利銷售產品嗎？」

「是的，阿爾伯特。」赫爾曼先生說，「不僅僅是銷售，而且我們要在那兒生產。」

「太好了，我們可以到海邊居住了！」愛因斯坦高興地說，「表姊愛爾莎常說，義

（二）獨留德國

大利是一個特別美麗的國家。」

「孩子，你已經長大了，我想有些事情應該讓你知道。」赫爾曼先生臉色凝重，然後一字一句地說，「我們德國的工廠出了些問題，產品沒有銷路，工廠沒辦法再繼續辦下去了，我們一家人的生活很快就會舉步維艱。所以我和雅各布叔叔商量，決定把工廠搬遷到義大利去。」

「哦，爸爸，」愛因斯坦收斂了笑容，「那麼什麼時候走？我還要去辦理退學手續呢。」

「不，」赫爾曼先生說，「我和你母親商量過了，我們，包括馬雅，都去義大利。而你，一個人留在這裡完成學業。」

聽了父親的話，愛因斯坦愣住了：

「我不能轉到義大利的學校嗎？我一個人在這裡生活會很不習慣的！」

「阿爾伯特，我了解過了，義大利的學制與德國不一樣，如果你去的話可能很難一下子入學。所以，我還是希望你能繼續留在慕尼黑學習。等拿到中學的畢業證書，你可以去義大利上大學。」赫爾曼先生說。

赫爾曼希望兒子能夠順利拿到畢業文憑，有了文憑，他才能進入大學，獲得電氣工程師的資格。這是父親為愛因斯坦規劃的人生道路。

一八九四年六月，愛因斯坦一家除了愛因斯坦外都遷居到義大利，愛因斯坦暫時住了一位老太太的家中，這讓生性孤僻的他有些意志消沉，心神不定。

在過去的十多年中，愛因斯坦一直都沒有離開過自己的親人，學校那種死記硬背和強行灌輸的教育風氣讓他討厭，所以一放學他就往家裡跑。家裡的氣氛是自由的，他可以靜靜地思考那些自己最感興趣的問題，看自己喜歡看的書；而現在，他一下子離開了親人，再也沒有那個避風港了！他必須孤零零地生活，獨自面對嚴酷的現實世界。

(三) 勒令退學

在學校裡，愛因斯坦的數學成績是出類拔萃的，但他對那些死記硬背的東西依然不敢興趣，也不願意去背，所以成績很一般。

（三）勒令退學

愛因斯坦曾回憶說：

「我討厭那種沒有思想、機械呆板的教學方法。因為記憶單詞的能力不強，並且很難有效果，這給我帶來不少麻煩。我寧願承受所有的懲罰，也不願喋喋不休地背誦。」

由於成績不好，加之性格孤僻，愛因斯坦在中學時代與老師之間始終都有一種隔閡，老師們嫌他「生性孤僻，智力遲鈍」，並經常責備他。

有一次，赫爾曼先生問學校的訓導主任，自己的兒子將來適合從事什麼職業，這位主任毫不客氣地回答說：

「你的兒子做什麼都無關緊要，他反正都將是一事無成！」

除了愛好數學、物理和自然科學，愛因斯坦的另一項愛好就是音樂了，更具體地說應該是拉小提琴。莫扎特的奏鳴曲所包含的藝術內涵令他陶醉，他用小提琴傾訴自己的心曲。動聽的樂曲不僅讓他暫時忘掉了學校裡的煩惱，也撫慰他那顆尚幼小就受了傷的心。

不久，母親寶琳給愛因斯坦來信了，向他提到了米蘭燦爛的陽光和美麗的風景，這讓愛因斯坦十分心動，同時也令他對學校生活更加厭煩，恨不得馬上就回到親人身旁。愛因斯坦絕望地想：

「就算是我拿不到畢業文憑，我也要離開這裡，回到他們身邊！」

就在父母和妹妹馬雅離開他六個月後，愛因斯坦私自決定到米蘭去與他們團聚。他知道，至少在數學方面，自己的程度已經超過了高等學校的畢業生。他對自己說：

「這樣一來，我不就可以不需要文憑而進入大學了嗎？」

但是，怎樣才能順利地離開路易波爾德中學呢？經過冥思苦想，愛因斯坦終於想到了一個辦法：他請求學校的醫生為他開具一張診斷書，證明他因為神經衰弱需要離校前往義大利父母處修養。

要做到這一點並不難，因為他平時就行為古怪、性格孤僻，學校的老師和同學們都認為他神經上有些問題，所以他很順利地拿到了診斷書。

接著，他又去找自己的數學老師，想請他給自己寫一封證明信，證明他已經具備充分的高等數學知識，不需要大學預科文憑便可以進入大學學習。

做到這一點也不難，因為愛因斯坦的確已經在數學老師面前表現出了超人的數學能力，而且還經常在課上提出許多把老師難倒的問題。只要數學老師不記恨他，是會給他開這封證明的。

（三）勒令退學

就在這個時候，發生了一件意外的事，讓愛因斯坦的願望提前變成了現實。

這天，學校的訓導主任弗里德曼又把愛因斯坦叫到了辦公室，十分嚴肅地對他說：

「愛因斯坦先生，如果你想離開這所學校的話，我將會非常高興！」

愛因斯坦愣了一下，但很快就領會了這句話的含義，於是問道：

「訓導主任先生，您的意思是說，我已經被學校勒令退學了是嗎？」

「一點不錯。據好幾位老師反映，由於你的存在，已經破壞了學生對老師的尊敬！你帶壞了班級的風氣！」

愛因斯坦明白了，他心裡長長地鬆了一口氣，想不到事情竟然這麼容易就解決了，這下倒省得自己為離不開學校而為難了。而且，在父母面前也好交代了。如果是自己退學，父母說不定不會答應，甚至可能強迫他重新回來完成學業；而現在，學校勒令他退學，父親也就沒辦法了，最多也不過是狠狠地批評他一頓罷了，那與繼續在這所學校上學比起來，實在不算什麼！

不過，被學校勒令退學，對十六歲的愛因斯坦來書還是一次比較大的打擊，也是他人生道路上遭到的第一次挫折。幾年後，他在給一位同班同學的信中說：

「我發現了一個處世祕訣的公式，它可以用下列方程式表示出來——X＝A＋B＋C。這裡X代表生活方面的成就，A代表勞動，B代表休息，C代表緊閉嘴巴！」

這無疑包含了對自己人生最初經驗的總結，也反映出愛因斯坦在當時已經達到的思想深度。

一八九五年的春天，愛因斯坦乘坐南下的火車，離開慕尼黑，穿過阿爾卑斯山，前往他日夜嚮往的義大利，那裡有他的父母、他的妹妹，以及他全新的生活。

第四章　求學蘇黎世

一個人在科學探索的道路上走過彎路、犯過錯誤並不是壞事，更不是什麼恥辱，要在實踐中勇於承認和改正錯誤。

——愛因斯坦

（一）上學的問題

義大利是一個迷人的國家，也是一個藝術王國。古羅馬的教堂、博物館、繪畫陳列館、宮殿以及風景如畫的農舍……隨著火車的飛馳，這一切都進入到愛因斯坦的眼簾。

一出米蘭火車站，愛因斯坦就被這裡美麗的異國風光迷住了。米蘭位於倫巴底平原上，南國的溫暖陽光和海洋性氣候的季風一下就讓愛因斯坦的精神振作起來。他堅信自己退學的決定是正確無誤的。

父親赫爾曼到車站來接他，愛因斯坦告訴父親，他打算放棄德國的國籍，也不打算再信任何宗教了；他還告訴父親，自己在思考什麼問題，將來準備從事什麼工作。

但是，赫爾曼對愛因斯坦的想法卻有些反感，他一路上不停地嘮叨著：

「把你的那些哲學上的胡思亂想通通丟掉吧！想辦法學點有用的東西，將來當個機電工程師吧！……你自己也可以領會得到，天文學家和小提琴家在我們這個時代並不那麼迫切需要！」

而且他還告訴愛因斯坦，他在米蘭新開設的電器廠又破產了。

「我再也無法供你金錢了，」赫爾曼說，「既然你已經退學過來了，那麼就必須先找一份工作。如果你能取得高等學校的畢業證書，那麼你才可以進入大學讀書。」

米蘭的德語學校只收十三歲以下的學生，愛因斯坦這時已經十六歲了，不能上學了。找工作的話，他的年紀又太小，所以只好整天待在家裡，這下子可徹底自由了！愛因斯坦開始閱讀歌德和席勒的詩歌，到博物館去欣賞米開朗琪羅的繪畫和雕塑，還獨自徒步越過亞平寧山脈，到瀕臨地中海的熱那亞去漫遊……

晚上，他就住在小客棧裡，聽著各類過往客人講各種故事，也有鄉下人向他訴說他們的貧困。這給愛因斯坦留下了很深的印象，也引發了對他們的深切同情。

有時，愛因斯坦也不知道自己身在何處，因為思考問題會令他忘掉一切。最近有個不太容易解決的問題困擾著他，那就是如果光線的接受器（如攝影機或人的眼睛）隨在光線的後邊，用和光線相等的速度前進，結果將會發生什麼情形？

在那個時候，光波對於這個接受器來說，已不再是奔馳在空間的光波，而是好像原地凝固不動一樣，就像放映機發生故障時在銀幕上停住不動的映像一樣。這種現象在自然界從未看到過，而且從理論上來說，這一連串的推理中一定有一個錯誤混在裡面了。但是，錯誤在哪裡呢？這就是同狹義相對論有關的第一個樸素理想實驗。

另外，愛因斯坦還在思考著，光在以太中傳播，但以太這個東西無處不在，卻又無影無蹤，它到底是什麼東西呢？

為此，愛因斯坦還寫了一篇論文寄給住在比利時的雅各布叔叔。論文的題目是《關於磁場中以太研究的現狀》。這是愛因斯坦在十六歲時寫出的生平第一篇科學論文，儘管內容很幼稚，但卻是這位偉大的科學家在自己探索的道路上勇敢邁出的重要的第一步。

不過，赫爾曼對兒子的這些研究和思考並不感興趣，現在兒子既不上學也不能出去工作這件事很讓他犯愁。愛因斯坦沒有高中畢業文憑，將來要進德國大學也不行。不過，瑞士的蘇黎世倒是有一所「聯邦工業大學」，十八歲以上的同等學歷學生也可以報考。當時愛因斯坦雖然只有十六歲，但他的數學成績很出色，也許可以被破格錄取呢！

就這樣，一八九五年秋，愛因斯坦接受了父親的建議下，並透過母親寶琳的關係，又登上了開往蘇黎世的列車。

（二）不再做德國人

蘇黎世是瑞士首都，聯邦工業大學當時在歐洲享有很高的盛譽。按照它的規定，凡是年滿十八歲的高中畢業生或同等學歷者，均可報名入學。

由於年齡不夠，母親寶琳多方求人，愛因斯坦才被獲准參加聯邦工業大學的入學考試。

數理科考試對愛因斯坦來說都是十分輕鬆的，但文史科和動植物科卻難住了他，他感到不是太有把握。

第二天發榜，在教學大樓大廳的告示牌上，愛因斯坦沒有看到自己的名字，這讓他感到從未有過的失落。

不過，他的物理和數學成績的出色卻引起了學校教授和校長的注意，這給了愛因斯坦一線希望。

校長赫爾澤克是一位身材修長、舉止文雅的長者，他十分欣賞愛因斯坦非凡的數學水平以及淵博的數學知識。在仔細地傾聽了愛因斯坦關於退學情況的說明後，他說：

「愛因斯坦先生，我很驚訝於你的數理卷解答，這是閱卷組組長韋伯教授推薦給我的。可是，學校的宗旨是培養T型人材，就是在學識全面的基礎上精專一科。」

「如果你願意，」赫爾澤克校長接著說，「我想推薦你去瑞士阿勞州立中學進修一年，在那裡取得畢業證書後，你將可以直接進入本校學習。」

「我很願意，敬愛的校長先生，非常感謝您！」愛因斯坦站起來，深深地向校長鞠了一躬。

不久，愛因斯坦便來到了距離蘇黎世不遠的阿勞小鎮上。依山傍水的小鎮，美麗如畫的景色，一點也引不起愛因斯坦的興致。而當他踏入州立中學的大門時，他的心情更是沉重極了。

事實上，這所中學無論在教學方法上，還是在師資力量上，在當時都是蘇黎世最為先進的。但阿勞州立中學與路易波爾德高級中學相比，顯得實在太寒酸了。可按

（二）不再做德國人

照赫爾曼先生的話說，這才是辦學的好地方，學生可以專心致志地求學，避免許多不必要的外界影響。

愛因斯坦被分配在畢業班裡學習，輔導老師是溫特萊教授。他不僅知識淵博，也擅長教育心理學。

教授帶著愛因斯坦在學校裡到處參觀散心，並讓自己的妻子和七個孩子都與愛因斯坦交上了朋友。很快，愛因斯坦就在溫特萊教授的幫助下擺脫了憂鬱的心情。

後來，愛因斯坦在他的《自述》中，感慨地回憶起了他在阿勞中學那一年的時光：

這個學校的自由精神和那些毫不依賴外界權威的老師們的淳樸熱情給我留下了十分深刻的印象。跟我在那所處處讓人感到權威指導的路易波爾德中學的六年學習相比，我深切地感受到：自由行動和自我負責的教育，比起那種依賴訓練、外界權威和追求名利的教育來，是多麼的優越啊！真正的民主，絕不是虛幻的空想……人不是機器，要在周圍環境不允許襟懷坦蕩、暢所欲言的話，人就不會生氣勃勃了……

阿勞中學雖然規模不大，但卻擁有完備的實驗室和實驗設施，學生們可以在物理實驗室或化學實驗室裡獨立操作。在學校的動物館裡，學生們還可以使用顯微鏡和手術刀，完全自由地研究自己感興趣的項目。這種學習和實驗的方式，完全符合也適應了愛因斯坦進行科學研究和科學思考的習慣，從而又重新激發了他對數學和物理學的探索與思考。

因此，短暫而富有意義的阿勞中學的學習生活，也成為愛因斯坦進行他的物理學研究的一個新的起點。

愛因斯坦有生以來第一次喜歡學校了。這裡的老師對學生都很親切，學生可以自由地提問，彼此也可以熱烈地討論問題。他第一次享受到這種民主和自由，開始熱愛自己的生活。以往路易波爾德中學那個內向膽小、沉默寡言的少年，現在正變成一個笑聲爽朗、步伐堅定、精神飽滿的年輕人。他對生活的熱愛，他的青春的朝氣和活力都迸發出來。在同學中，他也有了自己的知心朋友，他還常常和他們一起去爬山、散步，從事各種娛樂活動。

一年的時間很快就過去了，愛因斯坦拿到了阿勞中學的畢業文憑，蘇黎世瑞士聯邦工業大學同意他正式入學。

在這一年的相處過程中，愛因斯坦和溫特萊教授一家已經難捨難分了。老教授親自駕馭著馬車，全家人送愛因斯坦到開往義大利的火車站。他要先到米蘭度完暑假，然後再返回蘇黎世去上大學。

站台上，孩子們久久擁抱在一起，教授夫人哭了。愛因斯坦和溫特萊教授一家結下了終生的友誼。

在阿勞中學度過的一年時間，也更堅定了愛因斯坦的一個決心，那就是不再做德國人。在剛剛來米蘭時，他就曾向父親提出過，他要放棄德國國籍。一個孩子，居然要放棄自己祖國的國籍，這是一件多麼不可思議的事情！

（三）大學生涯

一八九六年十月，過完假期的愛因斯坦出現在蘇黎世瑞士聯邦工業大學的校園裡，作為一個無國籍的大學生，就讀於師範系物理學科。從一八九六年十月到一九零零年八月，愛因斯坦在瑞士聯邦工業大學度過了四年的大學生活。

物理學科是愛因斯坦十分喜愛的專業。赫爾曼先生和雅各布叔叔曾勸過他，為了家族的事業，最好選讀機電專業，但愛因斯坦放棄了。此時的愛因斯坦，是個風華正茂、體格強壯的年輕人。理想和憧憬讓他站在學校大樓的台階上，仰著頭說：

「這才是我嚮往的高等學府啊！」

在大學裡，愛因斯坦選修了數學、物理以及哲學、經濟、歷史和文學方面的一些專業課程，但他卻很少去聽物理和數學的主要課程。傑出的電機學家韋伯所講授的物理課內容愛因斯坦早已熟悉，他寧可自己直接去攻讀物理學大師馬克士威、基爾霍夫、波茲曼和赫茲的著作。

數學課雖然也是由當時的一些著名研究者講授的，但同樣引不起愛因斯坦的興趣，因為他已經逐漸改變了對數學的看法。

他覺得數學的分支太多、太細，每個分支都會浪費掉一個人的全部時間和精力，他擔心自己永遠都不會有眼光去判定哪個分支是最基礎的。儘管物理學的分支也很多，但他覺得自己很快就能學會識別出那些能夠導致深邃知識的東西，而將那些偏離主要目標的東西撇開。

（三）大學生涯

在物理學中，尤其是理論物理學中，很容易找到本質的東西，這才是最令人激動的事。但學生時代的愛因斯坦還不清楚，在物理學當中，通向更加深入的基礎知識的道路，是同最為精密的數學方法分不開的。

愛因斯坦很快就發現，在大學裡，要想做一個好學生，就必須集中精力學好所有的課程，還必須遵守紀律，上課認真聽講，有條有理地做好筆記，而這些特性恰恰是他欠缺的。他不願為此花費太多的精力，希望將時間用在學習那些適合自己求知慾和自己感興趣的東西上。

於是，愛因斯坦便抱著某種負疚的心理，滿足於做一個中等成績的學生，被當了許多課程，然後以極大的熱情向那些理論物理學的大師們學習。因此，除了物理和數學之外，他的其他功課都是成績平平。

好在按照瑞士的教育制度，大學只有兩次考試，而且更加幸運的是，愛因斯坦的一位好朋友格羅斯曼·馬塞爾正好具備愛因斯坦欠缺的那些科目，並且十分慷慨地與愛因斯坦分享他那細緻而條理分明的筆記。這也幫助愛因斯坦順利地透過了各科的考試。

除了自己讀書之外，愛因斯坦將其餘時間的大部分都用到做實驗上了。他貪婪地注視著那令人驚奇的一切，注視著分光鏡裡、真空放電管裡、化學實驗的儀器中和曲頸瓶中所發生的一切。

當時，牛頓是愛因斯坦的神聖偶像。小時候，愛因斯坦就經常想：為什麼蘋果只向牛頓落下去，如果當時落到我的頭上會怎樣呢？

中學時期，當愛因斯坦背得出微分、積分方程時，就利用公式求解牛頓偉大的三大運動學定律之間的關係。的確，在兩百多年的科學史裡，經典物理學就是以這三大定律為基礎的。牛頓法則幾乎成了解釋一切物理現象的金科玉律。

然而升上大學後，愛因斯坦開始對經典物理學產生了懷疑，因此他和格羅斯曼常常為這個問題爭論不休：

「馬塞爾，一切物體都是在運動當中的，能量就透過運動傳遞，是這樣的嗎？」愛因斯坦邊思考邊問。

「當然，這是牛頓定律早就解答的了。」格羅斯曼說。

「可是，當運動的速度達到一定值時，比如光線，每秒鐘速度約為三十萬公里，那麼……」愛因斯坦站了起來，問道，「是什麼讓光子能夠達到這個速度的呢？」

「已經有學者提出了假說，」格羅斯曼知道不能小看這個朋友，他十分清楚愛因斯坦的超常智商，「宇宙中還存在一種不為人類所知的物質，它能導致光速。」

「哦，我知道，人們稱它以太。」愛因斯坦說，「物體存在有三狀態：固態、液態和氣態，那麼你說，以太應該屬於哪種狀態呢？」

「我怎麼會知道呢？科學家還沒有研究出來呢！」格羅斯曼聳了聳肩。

「一八八七年，美國芝加哥大學的麥迪遜博士和莫萊教授那個偉大的光學實驗，證明光速是永遠不變的，」愛因斯坦接著說，「這就證明以太是不存在的，奢談以太簡直就是一種荒謬的理論了。」

「是的，所以有些學者提出拯救以太的口號。」

「我還想知道，如果物質能達到一定值的速度時，是否可以解釋光速現象呢？」

「愛因斯坦，你似乎是在挑戰牛頓，挑戰經典物理學啊！」格羅斯曼驚訝地問道。

「我嗎？不可能吧。不過，科學應該是允許懷疑和歡迎懷疑的。」

這是在大學時期的愛因斯坦與好友的一段看似平常的對話。事實上，這個時期的愛因斯坦已經有了朦朧的相對論理念了。

第五章　畢業並結婚

想像力比知識更重要，因為知識是有限的，而想像力概括著世界上的一切，推動著進步，並且是知識進化的源泉。嚴肅地說，想像力是科學研究中的實在因素。

——愛因斯坦

(一)結識好友

在大學期間，愛因斯坦結識了幾個好朋友，比如格羅斯曼，還有一個名叫菲立迪希・亞德勒的奧地利維也納闊少。菲立迪希的父親是奧地利有名的政治家。可能是從小就受到父親的影響，菲立迪希那雙多瑙河一般藍色的眼睛更關注政治。

因此，他經常將愛因斯坦拉入關於政治問題的爭論當中，爭論的焦點通常都是暴力與和平。

「暴力，是卑劣者的通行證。」菲立迪希每次一開口都是談高調，「為什麼要發生戰爭呢？應該實施全球國際化，成立國際裁判委員會，對國家之間的衝突進行仲裁，這樣不就不會發生戰爭了嗎？」

「那麼，要憑什麼來執行裁決呢，菲立迪希先生？」愛因斯坦反駁說，「人類都渴望和平，可是看一看，整個的人類史其實就是一部戰爭史，你有沒有想過這是為什麼？」

「執行裁決？可以成立世界性的警署，而且只有他們可以擁有武器，禁止其他國家生產妨礙和平的槍支彈藥，這樣不就有了執行裁決的權威性嗎？」菲立迪希為自己的設想感到得意。

「你反對暴力，擁護和平，可最後還是需要採用暴力來解決呀！」愛因斯坦說，「儘管我也反對戰爭，但如果有人要侵略，人民怎麼辦？難道就坐以待斃嗎？」

……

爭論到最後，通常是沒有贏家的，但愛因斯坦此時對和平的理解已經有了比較深入的思考和獨特的見解。

愛因斯坦的深刻思想和精深的自然科學知識，給格羅斯曼留下了十分深刻的印象。當時，格羅斯曼就對周圍的人說：

「總有一天，愛因斯坦會成為一個真正的大人物！」

格羅斯曼一生給予愛因斯坦很多無私的幫助，而且十分重大。可惜的是，他在一九三六年不幸早逝，這讓愛因斯坦十分悲痛。愛因斯坦在給他的遺孀寫信說道：

「最重要的是，我們是永遠的朋友！」

在愛因斯坦的這些好朋友當中，還有一位名叫米列娃．馬利奇的塞爾維亞姑娘。她一八七五年出生於伏伊伏丁那的狄特爾。她的父親米格斯．馬利奇是一位政府官員，母親是一位地主的女兒。米列娃一生下來就患了臀關節脫臼，當時還不能透過手術矯正，因此她一生都是跛子。

但從她留下來的年輕時期的照片看，她還是一個非常漂亮的姑娘。

米列娃的學業是從一八八二年開始的，上課用的是塞爾維亞克羅埃西亞語，同時她還學會了法語和德語。她不僅是個非常嚴肅、沉默寡言的勤奮大學生，還是個有志氣、有抱負的年輕人，早就下決心要讀完大學。雖然她的家庭和學校的制度並不支持她這樣做，因為瑞士是唯一可以接收女學生的、講德語的國家，因此，她便隻身來到蘇黎世。

開始時，米列娃在瑞士聯邦工業大學學醫學，後來改變了研究方向，轉到該校的數學和科學研究進修學校第六系，與愛因斯坦成為同班同學。

在學校裡，愛因斯坦經常到圖書館中去研讀有關書籍。起初，他都是一個人在那裡研讀，後來連續幾個晚上他都和米列娃一起研讀和討論一些科學問題。跟當時絕大多數女學生一樣，米列娃的思維十分活躍，而且除了對功課的興趣之外，對別的都沒什麼興趣。

米列娃雖然平時話不多，但她卻經常十分專注地聽愛因斯坦訴說他在準備功課時經常湧現在腦海中的一些新想法，或是聽他朗誦一些偉大物理學家的作品。

有時候，她也會談談自己的抱負，像何必將自己的一生葬送在老式女人所謂的「廚房、教堂及孩子」三項「婦德」之中等，她擁有著不亞於男性的抱負和野心，相信自己有一天會為科學界做出貢獻。

愛因斯坦完全同意她的說法，也非常敬佩她的勇氣和智慧，並且發現她是一位令人滿意的同伴，因而對米列娃的好感也與日俱增。

（二）入籍瑞士

在大學的生活充滿了自由和快樂，然而有一天，愛因斯坦接到了來自義大利米蘭的家信。他感到很奇怪，因為信封上是母親寶琳的一手秀麗的斜體字，而以往都是父親赫爾曼先生寫的，字跡粗大豪放。

寶琳在信中寫道：

親愛的阿爾伯特，對不起，這是我們給你寄出的最後一筆錢了……工人們都已經辭退，機器已經抵債，也就是說，我們再次破產了。為了這件事，你的父親耗去了極大的精力，住進了醫院。這不是我們的錯，有成千上萬家的企業都倒閉了，好像整個經濟都出了問題。

不過，你不用為我們擔心，沒有跨不過去的河，家業一定會重振的。只是從下個月起，由你在日內瓦的姨夫每月給你寄去一百法郎，估計這樣可以讓你不至於餓肚子了，就省著點兒用吧。

好好完成你的學業！

親你，孩子！

愛因斯坦看完信，沉默了好久，一種家庭責任感的壓力漫及全身。他決定，以後自己每月要存下20法郎，一旦以後有什麼急用，就不會有人再支援他了。

（二）入籍瑞士

於是，愛因斯坦從學校的宿舍搬到了附近的一間廉租房裡，那裡連暖氣都沒有，只有一個小小的窗子。此後，他經常穿著破舊的衣服，一天也只吃一片麵包和一塊奶酪，並以更緊迫的心情汲取知識。

他的幾個好朋友，如菲立迪希和格羅斯曼等，都很想資助他，但又不敢有所表示，因為他們很清楚愛因斯坦的倔脾氣。於是，他們就藉著各種名目搞聚會，變相的資助愛因斯坦。

後來，菲立迪希還偷偷租了個地方，找了幾個需要家教輔導的學生，然後讓愛因斯坦去幫他們補習功課，借此賺些生活費。但愛因斯坦覺得，現在讀書的學生在經濟上都很困難，所以補習費用收得很低。他不知道，他的好朋友菲立迪希為此支出的房租已經遠遠超過他的授課收費了。

同時關心著愛因斯坦的還有米列娃。此時，米列娃與愛因斯坦的關係已經比普通的同學和朋友關係要更進一步了。米列娃的與眾不同與對問題的看法，日漸引起愛因斯坦的好感；而愛因斯坦的卓越才華也贏得了米列娃的傾慕。雖然這時愛因斯坦很貧窮，但米列娃卻絲毫不在意這些，並時常給予愛因斯坦一定的幫助。

就這樣，他們之間的友誼轉成愛情也是十分順理成章。他們的志趣都在做學問上，他們相約畢業以後就自立、結婚。愛因斯坦和米列娃的愛情，就這麼定下了。

與此同時，愛因斯坦也深深愛上了瑞士這個國家，愛上了蘇黎世這片土地。在大學三年級的時候，他向瑞士政府提出了國籍申請。

當時，加入瑞士國籍需要交付一千法郎的入籍費，而每個月只有一百法郎生活費的愛因斯坦只好勒緊褲帶，每個月省下一些錢，然後再透過擔任家教賺一些。這樣一直到他透過聯邦工業大學的畢業考試後，才正式獲得瑞士國籍。

然而由於生活窘迫，又常常挨餓，使他本來健康的身體出現了毛病。後來，每當愛因斯坦表現出精疲力竭時，他的夫人就認為「這是他極其貧困時所受煎熬的結果」。

不過，愛因斯坦家這種經濟的上的困難並沒有持續很長時間，在愛因斯坦大學尚未結束時，他的父親赫爾曼就又在義大利米蘭開辦了一家電力公司。開始時運行得也很好，得到了附近兩個小鎮的路燈經營權。雖然這些生意後來抵押給他的主要經紀人，他的堂兄魯道夫·愛因斯坦，但家裡的處境畢竟不再那麼艱難了，這一改變也令愛因斯坦在精神上獲得了一些解脫。

（三）求職

一九零零年秋天，在瑞士聯邦工業大學研讀了四年之後，愛因斯坦拿到了赫爾澤克校長親手授予的大學畢業證書。

一直以來，愛因斯坦都從未為自己的工作問題考慮過，因為他成績優異，一些有名望的教授曾經對他說過：

「你畢業以後應該能留在本校當助教，我們都表示十分歡迎。」

結果，學校最終並沒有選擇他，而是選擇了格羅斯曼擔任助教，愛因斯坦這才不得不匆匆地走向社會。

既然是師範系畢業的，愛因斯坦也很想當個老師，所以他選擇了蘇黎世的一所比較有名的中學，送上了自己的資歷證明。

學校辦公室的文員掃了一眼瑞士聯邦工業大學的檔案袋，只是淡淡地問了一句：

「是瑞士本國人嗎？」

「是的，先生，」愛因斯坦愉快地回答，「申請瑞士公民權已獲批准，國籍就要得到承認了。」

「好吧，」文員說，「請您後天過來。先生，祝您好運！」

可是，當愛因斯坦兩天後再到這所中學時，這位文員卻帶著一臉的遺憾將檔案袋退給了他，說：

「很抱歉先生，本校的教員名額已滿，請您另謀高就吧。」

這個結果讓愛因斯坦很失望。愛因斯坦接著又去了幾所學校，結果遭遇都差不多。開始都表示歡迎，最終還是遭到拒絕。

後來，格羅斯曼提醒他說：

「可能由於你是外來移民，在選擇上，他們總會偏向本土的公民。」

這句話讓愛因斯坦如夢初醒。雖然他一直信仰一種全球性的宗教，並對他的父母的信仰失去了全部的興趣，但他仍然被認為是一名猶太人。在當時，瑞士已經是最

（三）求職

開放的國家了，但多數瑞士學校仍然不願意聘請一位既是猶太人又是外國人的生手。

這樣奔波了幾個月後，一九零一年五月，愛因斯坦才獲得了第一份工作——到溫特圖爾城的職業技術學校去當教師，但任期只有一學期。

在這裡，愛因斯坦敏感地覺察到學生們對他的不悅，因而也感到尷尬和悶悶不樂，但他力求表現，決定要獲得成功。於是，當他在溫特圖爾城的任職結束後，他贏得了學生們，甚至是最淘氣學生的尊敬。

結束了第一份工作後，愛因斯坦很快又找到了一個短暫的棲身之地——夏弗豪森——萊茵河畔的一座小鎮，這裡以吸引過許多旅遊者的瀑布而聞名。愛因斯坦在聯邦工業大學的一個同學就住在這裡。

經過這位同學的推薦，愛因斯坦進入了一所私立寄宿制中學，擔任這裡補習教師。愛因斯坦在讀大學時就曾做過補習教師，所以這對他來說應該算是一個很得心應手的工作。

然而，愛因斯坦與他的老闆雅各布·伊薩對教學的觀點卻很不一致。他所表現出來的判斷的獨立性和自主性讓伊薩很不滿。不久，愛因斯坦就被解僱了。

這時，愛因斯坦已經是瑞士公民了，可以申請擔任公務員了。格羅斯曼透過父親的關係，將愛因斯坦介紹給瑞士專利局局長德力西．哈勒。

愛因斯坦在這方面毫無經驗，但經過漫長而嚴格的考試後，他最終在專利局獲得了一份工作。這也是愛因斯坦一生當中獲得的第一份穩定而高薪的工作。

一九零二年六月十六日，愛因斯坦正式被聘用為瑞士伯恩專利局三級專家，實際上就是一名技術審查員，年薪是三千五百法郎。他終於有了固定的職業，不必再為生活擔心了。

同月，愛因斯坦也完成了他震驚科學界的論文《關於熱平衡和熱力學第二定律的運動論》，第一次提出了熱力學的統計理論。

專利局的工作比較嚴肅，每天，愛因斯坦都必須像局長嚴格要求的那樣，對各種專利申請提出一針見血的意見，並寫出精確的鑑定書。他帶著懷疑的眼光審視著這些五花八門的發明，很快就從複雜的圖紙中找到了本質的東西。因此，他將錯誤的、荒唐的、異想天開的東西都推到一邊，將有價值和新穎有趣的新發明、新創造都一一寫出鑑定書並歸類。

工作比較清閒，通常一天的工作半天就可以做完了，這樣在工作之餘，愛因斯坦還能專心致志地研究自己的心愛的物理學，他感到很滿意。

正是從這所專利局開始，愛因斯坦敲開了命運的大門，踏上了輝煌的起點。他的《狹義相對論》就是在伯恩專利局工作期間研究出來的。

（四）奧林匹亞學院

在伯恩，愛因斯坦結識了幾位志同道合的朋友，他們經常一起登上伯恩西邊的古爾騰山，在午夜的星空下暢談，探討關於物理學、關於自然、關於宇宙的種種問題。他們就是自由組合的「奧林匹亞學院」的成員：莫里斯·索洛是羅馬尼亞的留學生，康拉德·哈比希是伯恩大學的學生，貝佐斯和愛因斯坦都是專利局的員工，還有一位專利局同事的丈夫。他們都推舉愛因斯坦擔任「院長」。

這段時間是愛因斯坦事業上的一個輝煌時期，他發表了幾篇論文，引起了普遍的反響。尤其是完成了對世界產生重大影響的《狹義相對論》後，他更是成了科學界中一位舉足輕重的人物。

「奧林匹亞」的意思，是眾神聚集之地。他們用這個名稱為自己的學術組織命名，多少有點調侃之意。不過，這個學院的成名也的確各有特色：索洛研究哲學，但對物理學有著濃厚的興趣，這一點與愛因斯坦相得益彰，因為愛因斯坦對哲學也很感興趣；貝佐斯知識淵博，是愛因斯坦學術上的知音。愛因斯坦曾被貝佐斯下個這樣一個結論：在探討新思想時，貝佐斯是全歐洲都找不到的最好的共鳴器。

由於「奧林匹亞學院」的大部分成員在大學畢業後都離開了伯恩，一九零五年，「奧林匹亞學院」結束了它輝煌、富於創造性和充滿友愛的日子。雖然它僅僅存在了三年，但卻給愛因斯坦和他的夥伴們留下了一生中最美好的回憶。

在有了固定的工作和穩定的收入後，愛因斯坦就在專利局附近租下了一套便宜的住房。現在，他可以考慮成家了。在來伯恩之前，他就有了與米列娃結婚的打算，而現在這個打算即將變為現實。

不過，他的父母卻對他與米列娃結婚這件事很反對。為此，在一九零二年的時候，愛因斯坦還與母親產生了衝突。他的母親不僅當時，而且後來也一直都不喜歡米列娃。

一九零二年時，父親患心臟病，愛因斯坦回到米蘭的父親身邊。在臨終前，父親終於同意了兒子與米列娃的婚事。

這年的十月十日，赫爾曼．愛因斯坦去世，葬於米蘭。

一九零三年的一月六日，愛因斯坦與米列娃舉行了簡單而熱鬧的婚禮。愛因斯坦明白，結束單身漢的日子對他來說是多麼重要。因為他越來越感到以牛頓理論為基礎的經典物理學已經解釋不了許多現象了，他現在的思路已經日漸清晰，可是科學的論證是一個艱苦的過程。他迫切地需要生活上的照顧和學術上的研究助手。而米列娃的到來，更加激起了他青春的活力。

婚禮結束後，愛因斯坦便帶著米列娃回到了伯恩。

婚後的米列娃完全放棄了自己的個人事業，將心思都放在丈夫愛因斯坦身上，盡一切努力幫助愛因斯坦。她包攬了一切家務，為了賺錢和補貼家用，她還辦了一個大學生家庭旅店。

一九零四年，他們的兒子漢斯．阿爾伯特．愛因斯坦出生了。

兒子的出生，給愛因斯坦帶來了快樂，也帶來了沉重的負擔。他本來已經拉著專利局和物理學研究這兩輛沉重的車了，現在還要被套上家庭這輛車。

這位年輕的父親，經常左手抱著嬰兒，右手拿著筆不停地做計算。孩子的啼哭和哄孩子的聲音交織在一起，奏出了不太和諧的交響曲。

愛因斯坦有一種奇妙的自我孤立的本領。現在，他的世界彷彿只有他一個人，那裡的聲音是分子、原子、光量子、空間、時間和以太！

這個年輕人有才能、有決心，他要解開物理學中最困難的「以太之謎」。這個難題的謎已經困擾了多少物理學家！現在，這個年僅二十六歲的小公務員準備衝擊這一科學高峰！

第六章　大放異彩的一年

科學家必須在龐雜的經驗事實中抓住某些可用精密公式來表示的普遍特徵，由此探求自然界的普遍原理。

——愛因斯坦

（一）創造奇蹟

愛因斯坦剛一到專利局時，對能在那裡工作就感到很滿意。工作不久，他就對一位朋友說：

「我非常喜歡專利局的工作。專利局的工作與其他工作非常不同，因為這裡需要很多思考。」

這樣的工作正是喜愛思考的人求之不得的。後來，愛因斯坦還對別人說：

「這項工作使我掌握了多方位思考的能力，並為物理思考提供了重要動力。」

愛因斯坦與局長和其他的同事都相處得十分融洽，當時這份工作對於他來說，更重要的是報酬豐厚，約相當於兩個助教的薪水，這讓愛因斯坦徹底擺脫了經濟上的困境。何況在八小時工作之餘，他還有大量的業餘時間來對他所感興趣的問題進行深入研究呢！

所以，在伯恩專利局工作的幾年，也是愛因斯坦思想十分活躍的年代。當時，物理學歷史發展正經歷著一個令人困惑，同時也預示著一場偉大的革命即將到來的時期。當歷史的需要呼喚一位偉人出現時，愛因斯坦以矯健的步伐走上了歷史的舞台。

在短短的五個星期之內，愛因斯坦就完成了《論動體的電動力學》這篇論文。雖然這篇論文只有短短的三千餘字，但一個劃時代的理論——相對論卻由此誕生了。為了這三千字的論文，愛因斯坦冥思苦想了近十年。

一九零五年六月，愛因斯坦將這篇論文寄給了當時世界物理學最權威的雜誌——萊比錫《物理學年鑑》。

早在這一年的三月和五月，愛因斯坦還曾將他當時新完成的另外兩篇論文《關於光的產生和轉化的一個啟發性觀點》和《熱的分子運動輪所要求的靜液體中懸浮粒子的運動》先後寄給了《物理學年鑑》。所以，現在這篇相對論論文已經是他當年寄出的第三篇論文了。

同時，他還將自己在四月份完成的一篇關於分子運動理論的論文《分子大小的新測定法》寄給了蘇黎世聯邦工業大學，作為申請博士學位的論文。愛因斯坦認為，這篇論文的份量要比那三篇輕得多，因此沒有將其寄給《物理學年鑑》。

隨後，愛因斯坦又為《論動體的電動力學》這篇重要論文寫了一篇補充性的論文

《物體的慣性同它所包含的能量有關嗎？》。這兩篇論文同時成為愛因斯坦開創相對論的重要論文。

這篇補充性的論文完成後，愛因斯坦很快又將其寄到了《物理學年鑑》。

這時愛因斯坦發現，他先前寄去的三篇論文竟然同時在一九零五年九月該雜誌的第十七卷上發表出來。後來寄去的一篇，則在隨後的第十八卷上發表了。

而那篇寄給聯邦工業大學的論文，更是為愛因斯坦輕鬆地摘下了博士的桂冠。後來，愛因斯坦將這篇論文也寄給了《物理學年鑑》，並於同年在第十九卷上發表出來。

在當時，《物理學年鑑》這樣著名的權威科學刊物，誰如果能在上面發表一篇論文，那可是一件相當了不起的事。而愛因斯坦居然一下子就發表了五篇，其中的三篇還在同一期發表，這在《物理學年鑑》史上可是從未有過的。

不僅如此，這三篇論文還同時在二十世紀物理學新發展起來的三個重要未知領域——相對論、量子論和分子運動理論中都取得了重大的突破。其中的一篇，為陷入困境的分子運動新理論開闢了新的研究方向；另一篇為愛因斯坦贏得了諾貝爾獎；

最後一篇不僅開創了物理學的一個新理論，還開創了物理學的一個新世紀。而其中的兩篇論文，更是成為二十世紀輝煌物理學新大廈的兩根主要支柱——相對論和量子論的奠基性作品。

由於這五篇論文在同一年的發表，一九零五年也被譽為是物理學創造奇蹟的一年，《物理學年鑑》被評為是創造奇蹟的期刊，而愛因斯坦則被稱為是創造了奇蹟的人。

（二）相對論學說

愛因斯坦的論文發表後，立刻引起了全世界物理學家的注意。許多科學家對「相對論」寫過研究報告，有的提出很聰明的見解，有的則顯得極其愚蠢。不久後，在紐約的公立圖書館中，就有五百多冊關於相對論的書籍和小冊子，既有攻擊愛因斯坦理論的，也有為他辯護的。

其實早在一八八七年，當愛因斯坦還是慕尼黑大學的一位學生時，兩位美國教授，邁可森和莫雷，就在研究一個奇妙的問題。所有的科學家都知道地球環繞太陽轉動的速度，但這兩位科學家卻試圖找出地球在太空中軌道前進的速度。

一個移動的物體在遇到阻礙時，速度就會放慢。如果你要求一位游泳選手逆流而上，而讓他的對手順流而下，那麼他必定會拒絕參加比賽。現在，邁可森和莫雷在利用順逆兩個方向測量光速時，出現了困惑。

莫雷教授是一名化學家，邁可森是一位實驗物理學家，他不斷地發明奇妙而精巧的儀器，目的就是為了協助他探測大自然的真相。

為了測量出正確的光速，莫雷和邁可森設計出了一種精密的儀器，分別仿照了順流和逆流游泳者的情況，將兩根管子安置在每一種情況的適當角度中。如果其中的一種順著地球自轉的方向移動，則另外一個必定會沿著反方向移動。每根管子的末端各放置一面鏡子，然後在絕對相同的時間內將一道光束射入管子中。

兩位教授的預測是，其中必然會有一道光束比另外一道光束提前反射回來。逆流而上的游泳者將損失較多的時間，逆著空氣流動方向而進行的光束也必然會花費更多的時間。

然而，雖然兩位教授將兩根管子移動到各個方向，但這兩道光束的速度卻一直沒有任何差別。這讓莫雷和邁可森很困惑。

「難道我們的實驗有什麼錯誤的地方嗎？為什麼兩道光束到達鏡子的時間總是一致？難道空氣中沒有我們在河流中逆流而上時所遇到的那種『逆流』嗎？難道地球在其中移動的『以太流』並沒有對光線產生阻礙嗎？」

最後，莫雷和麥克森終於感到沮喪了。既然已經證實地球是移動的，為什麼他們的實驗卻指出地球是靜止的呢？這種發現是相對的「新」，但又那麼令人困惑。

與此同時，當時的一些傑出物理學家也研究過這個問題，並且同樣感到困惑。而愛因斯坦在他的論文中回答了這個問題。

愛因斯坦稱，這兩位美國教授並沒有失敗，他們在十八年前就已經正確地測出了光速。因為，愛因斯坦現在已經證明，光的速度是相同的；而且，光速是唯一的定值，不管在何種情況下，都是一樣的。

但為什麼光速在空中移動時不會遭遇任何阻礙呢？

愛因斯坦解釋說，這是因為任何實驗都不可能測出宇宙中的絕對移動。牛頓曾經說過，在遭遇外力之前，每一種物體都維持著其原來的狀態，不是靜止，就是出於它自己獨特的移動之中。而愛因斯坦現在宣稱，在地球或整個宇宙中的任何地點，沒有任何一樣東西是靜止的。他指出，每樣東西都是在移動中的——從原子到星星，每樣東西都是移動的。

而且他還指出，在這樣的宇宙當中，一切都處於移動狀態，沒有任何東西是靜止的。因此，每樣東西與它接受觀察時的環境都是相對的。

這就是相對論學說。

這一學說對當時的世界來說，絕對是一個新奇的學說。大象與螞蟻比起來，無疑是龐大的，可如果將大象放在摩天大樓旁邊，它就顯得渺小了。這是體積上的「相對」。當一個人按下電梯的「上」或「下」按鈕時，他會感受到位置的「相對」變化。

在這之前，科學家們都認為，物理世界中的某些事實是「絕對的」，在任何環境下都不會發生改變。因此，愛因斯坦的相對論一提出來，立即就引起了全世界的震驚，因為他為絕對物理科學的事實帶來了相對的事實，對我們所居住的世界提出了一種新的看法。

愛因斯坦因此也贏得了令人震驚的名聲，而且他的一項又一項理論在其他科學家的實驗室也獲得了證實，這也更增加了他的名氣。

（三）第四空間

在愛因斯坦提出他的相對論學說之前，牛頓和其他科學家曾提出，時間是絕對的；整個世界都是變化的，但時間卻是持續不變的。他們同時還認為，空間是向四面八方延伸的、無止境的。

但愛因斯坦卻打破了牛頓的這一傳統理論，認為每個物體都有三個空間，而且由於每件事物實際是在移動及變化的，因此這個世界事實上是存在於三度空間中——另外加上一個第四空間。他認為，時間就是這個所謂的第四空間。

從舊金山到紐約，以前一輛篷車需要花上一年的時間，走過河流、草原和山川，才能來到太平洋沿岸的荒涼墾殖區；而現在，一架飛機不到十二個小時就可以完成這段旅程了。

所以在愛因斯坦的宇宙中，不論是時間還是空間，都不會以同一個固定的方式永遠持續下去，它們兩者將隨著觀察者的位置和速度進行相對性的改變。

那麼，愛因斯坦又是怎樣說明時間的運行的呢？

我們都是根據地球本身自傳的演進來算日子的，以地球環繞太陽的形成來計算年數。由於木星環繞太陽一週的時間比地球長，所以，木星上的一年也比地球上的一年長出許多。

如果我們能夠以光速去旅行，那麼就不會再有時間的存在，每件事情都可以立即發生。在我們接近不可思議的光速時，不僅我們的手錶會慢下來，就是我們的脈搏也會變得緩慢。即使是在原子內部運轉的電子，也會越來越緩慢。

如果我們的速度能超過光速，那麼我們其實將在時間上後退。這種情況就像那首著名的五星滑稽詩中那令人驚訝的女英雄一樣：

有一位年輕的女郎名叫光明

她的速度更快於光

（三）第四空間

有一天她出發
在相對論的方法下
回到家時卻是在前天晚上

在有關相對論的第一篇論文中，愛因斯坦又敘述了另一個相當重要的理論：一個物體的質量，需要看這個物體移動的速度而決定。當物體移動得越來越快時，其質量也會越來越大。沒人測量過質量在這方面增加的情況，因為這種變化是極其微小的，根本無法以任何普通的速度來進行計算。

因此，一九零五年時，科學家們不知道愛因斯坦的相對理論是對是錯，但在以後的幾年當中，他們學會了怎樣測量微小的電子質量，同時也學會了怎樣加強電子的運轉速度，讓它們的速度能夠達到每秒十四點九七萬公里，也就是光速的一半。

到這個時候，實驗室中的科學家們才發現，愛因斯坦的預測是很正確的。

在以前，人們還認為，物質和能量是完全不同的兩種東西，物質是固體的，能量是測定一個物體移動的速度有多快，或者它具有什麼功用。但愛因斯坦卻指出，物質和能量之間似乎有著十分密切的關係。以一般光速運轉的電子具有相當驚人的能量，就因為它移動的速度快，從而使得它的質量大為增加，於是能量也就變成了質量。

相反，物質也能夠轉化成為能量，愛因斯坦其實已經能夠算出隱藏在任何一塊物質中的能量了。他提出了一個最簡單，也最驚人的公式：

$E=mc^2$

在這個公式中，E表示能量，m表示質量，c表示光速。它告訴我們，能量和質量是同一事物的兩個方面，在適當的條件下，物質的質量會全部轉化為能量，這個過程將釋放出巨大的熱量。

$E=mc^2$解釋了「質量虧損」現象，而且還將自然界中的能量守恆定律和質量守恆定律統一起來。它精闢地指出：對於一個閉合物理系統來說，質量和能量的綜合在所在過程中是不變的。

這項驚人的公式，科學家們後來將它應用到了令人震驚的兩項發展上。

第一，這個公式解釋了太陽的祕密。太陽為什麼能連續發出光和熱達幾十億年，而不會像一塊煤炭一般，被燒成一團灰？用愛因斯坦的學說來解釋，就是將這個公式應用到太陽內部的原子上。這些原子存在於幾百萬度的高溫中。在這種情況下，部分原子仍然不斷地將它們的質量轉變為能量。

第二，這個公式預示著一種新能源——核能的產生，它同樣也成為建設核電站的理論基礎。二十七年後，英國物理學家考克饒夫和華爾頓研製出了世界上第一台粒子加速器，將那個原子核分裂開來。

現在，人們對愛因斯坦的狹義相對論給予了極高的評價，稱它動搖了經典物理學大廈的基礎。然而在當時，相對論迎來的卻只有冷遇，因為它的理論太過抽象和新奇，也太不符合生活常識，因此，真正能夠理解、讚譽相對論的人寥寥無幾，被稱為「只有十二個人才懂的理論」。

但愛因斯坦並沒有心灰意冷。他充滿自信地說：

「在科學的磨場上，要碾碎自己的穀子總是最慢的。」

第六章　大放異彩的一年

第七章　走上教授之路

沒有想像力的靈魂，就像沒有望遠鏡的天文台。

——愛因斯坦

（一）尋求教職

愛因斯坦在學術上的輝煌成就逐步被人認可、接受，這也為他迎來了在學術研究方面繼續前行的機會。

當著名物理學家普朗克看到愛因斯坦發表的《論動體的電動力學》文章時，正生病在家。看完文章後，他再也躺不住了。他意識到，物理學的革命時代來到了。他立即給愛因斯坦寫信，問他是幹什麼的，在學術界擔任什麼職位。並說：

「你的這篇論文發表之後，將會發生這樣的紛爭，只有為哥白尼的世界觀進行過的戰鬥才能與它相比……」

不過，愛因斯坦並沒有及時收到這封信，因為當時他正和米列娃帶著小漢斯去塞爾維亞探親。在寫完幾篇論文後，他實在太累了，需要好好休息一下。

當愛因斯坦回到伯恩，看到普朗克這位量子論的創始人、德國物理學界的權威給他寫來的充滿信任、熱情的信之後，十分高興，也大受鼓舞。他立即給普朗克回信，感謝他對自己的關心，告訴他自己在專利局工作，是一名「三級研究人員」，不過很快就要升到「二級」了。

關於任教的事，愛因斯坦說，他正在為選一個什麼題目寫論文，以便取得副教授的稱號。相對論，對瑞士人來說太抽象，關於布朗運動與光量子在蘇黎世與伯恩又很難引起人們的興趣。

這封信讓普朗克又感動又氣憤，這樣一位天才的物理學家，竟然連在大學教書的機會都沒有，卻在一個專利局中做些瑣事！

他立刻給伯恩的格魯涅爾教授寫了一封信，信中說：

「我所推薦的那位青年，也是我們這個時代最偉大的物理學家之一，那位阿爾伯特．愛因斯坦先生……」

格魯涅爾收到普朗克的信後，便請愛因斯坦向伯恩大學提交一篇論文。

這時，蘇黎世聯邦工業大學的克萊納教授也寫信給愛因斯坦，建議他向伯恩大學申請「編外講師」的職位，因為他想請愛因斯坦回蘇黎世聯邦工業大學擔任教授。按照當時的規定，需要先擔任一段時間沒有薪水的「編外講師」，才能被任命為教授。

（一）尋求教職

所謂的編外講師，其實並不是教師職位，大學或其他任何官方機構也都不給在這個職位上的人發薪水。但是，編外講師卻必須在工作上做得很出色。

於是，愛因斯坦給伯恩大學寄了一封信，內附自己的博士論文，以及已發表過的相對論等多篇論文副本等。

格魯涅爾讀到愛因斯坦的論文後，覺得這個理論有點問題，又請實驗物理學家審閱。這位教授一點都讀不懂，認為愛因斯坦申請在伯恩大學授課是沒有根據的。所以，伯恩大學最後拒絕了愛因斯坦。

其實愛因斯坦遭到拒絕還有一個原因，那就是伯恩大學怎麼能讓一個聯邦專利局的小職員去擔任教授呢！

大學又一次讓愛因斯坦吃了閉門羹，這讓一向樂觀的愛因斯坦也嘆息了。他倒不是希望得到什麼教授的頭銜，而是需要時間，需要工作條件。

無奈之下，愛因斯坦只好轉而為謀求中學教師的職位而奮鬥了。他給溫特圖爾技術學校寫信，給州立蘇黎世中學寫信，並且還尋求好友們的幫助，問他們自己是不是應該親自上門去拜訪校長先生，向校長當面講述自己的教書才能和優秀品質等。

在這段時間裡，愛因斯坦照樣每天早晨九點鐘到專利局上班，在那裡工作八小時後回家看孩子。一九零六年四月一日，愛因斯坦的職位晉升了一級，薪水也漲到每年四千五百法郎。

（二）伯恩大學開課

隨著時間的推移，愛因斯坦的影響也逐漸擴大，《物理學年鑑》等科學刊物上不斷出現愛因斯坦的科學論文。著名的普朗克教授和他眾多的學生在全德國各大物理系中傳播相對論，朗之萬在巴黎，烏莫夫在莫斯科，圍繞在德國人拉登堡和波蘭人洛里周圍的一個進步理論物理學派在波蘭的布列斯勞也在積極研究、宣傳愛因斯坦的科學成果……

這些宣傳和研究就像聚光鏡一樣，將科學界的目光一下子都集中在愛因斯坦身上，使越來越多的人都想來見見這位科學巨匠。

一位名叫維恩的教授，他的學生勞博在自己的學術論文中引用了愛因斯坦的理論，維恩教授不同意他的觀點，叫他去請教這個理論的創立者。

勞博勞布來到伯恩，碰巧愛因斯坦獨自在家，他正跪在地上生爐子。

勞博稍稍遲疑了一下，然後還是說明了來意。愛因斯坦很熱情，馬上伸出手與勞博握手，兩隻烏黑的手和一雙乾淨的手握在一起。

勞博稱，在輻射的量子論中，有個地方自己沒弄明白，所以維恩教授就讓我來向您請教。

愛因斯坦打斷了勞博的話，說他必須先讓這個爐子引起輻射，因為他的妻子和兒子馬上就要回來了……

普朗克的學生、助手勞厄聽過普朗克第一次介紹並高度評價相對論的報告，當時也沒有聽懂，他決定第二年暑假去拜訪這位相對論的創立者。

後來，勞厄真的來到伯恩，一下火車就直奔專利局。在走廊裡，他看到一個年輕人正在來回踱步。這位年輕人穿著一件格子襯衫，領子有點挑起，頭髮亂糟糟的像一團草。他一會兒舔舔嘴，一會兒又把手伸到頭髮理使勁地搔。

（二）伯恩大學開課

勞厄看了他一會兒，年輕人也沒有發覺，只管自己在那裡踱來踱去的。勞厄上前問他，愛因斯坦博士在幾號房間辦公。年輕人聽完，一雙大眼睛就像剛從夢遊的狀態中醒過來一樣，然後說他本人就是。

過了一會兒，兩個人坐到一家小餐館裡，勞厄懷著驚異的心情端詳著眼前這個怪人。

「他看上去完全像個孩子，笑起來那麼燦爛……」後來勞厄這樣寫到。

從這次開始，兩個人就開始了他們終生不渝的友誼。勞厄不久便因X光片獲得反映出鋁鹽的結晶原子分布情況的黑板花紋而聞名於世。

在這次交往中，勞厄還得知關於相對論的這樣一段小插曲：

愛因斯坦關於相對論的第一次演說並不是在學術機關或者學術講壇上作的，而是在伯恩食堂服務員工會的食堂裡發表的。聽講的人，是「奧林匹亞」的成員，以及專利局的幾個同事。

在演講時，愛因斯坦在一塊石板上畫圖，用粉筆畫了一根直線，請他的聽眾想像這根直線的每一點上都放一塊錶……

他滔滔不絕地講了起來，完全沉醉在自己的科學發現中。當突然想到自己規定的時間後，才立即問聽眾現在是幾點了？當得知已經遠遠超過規定的時間後，他才戲謔地說：

「雖然我在自己的相對論裡給空間的許多點上都放了一隻錶，然而我還是沒有力量在自己的口袋裡裝上一隻錶！」

布列斯勞理論物理學派的領袖拉登堡，也因科學研究中的問題專程到伯恩拜訪了愛因斯坦。

那是在一九零八年暑假，拉登堡在伯恩專利局找到了愛因斯坦，與他連續幾個小時討論學術問題。愛因斯坦在科學上的巨大創造給他留下了深刻的印象。他立刻給了愛因斯坦一張第二年夏天在薩爾斯堡召開的第八十一屆德國自然科學家大會的請柬，拉登堡是大會的籌備委員。

拉登堡還特別表示，他對愛因斯坦不能在瑞士取得教授職感到驚奇。他認為，這是無法理解的，於是，他禮貌地將這件事通知給伯恩聯邦政府。

可能是拉登堡的這一行為造成了作用，也可能是愛因斯坦在科學界的名氣越來越大。一九零八年十月二十三日，愛因斯坦收到了伯恩大學的一封公函，裡面是伯恩大學副校長親筆簽署的聘書，通知他被伯恩大學接受為「編外講師」了，並給予他授課的權利。愛因斯坦終於成為學術界中的一員。

不過，由於沒有薪水，愛因斯坦只能從聽課者那裡收取少量的報酬，而且他還必須繼續留在專利局工作，以維持生活。

編外講師開的都是副課，學生一般都不重視，學校也允許自己定課題。於是，愛因斯坦就將正在研究的黑體輻射課題搬上了課堂。因為這是一個新的物理學領域，他用最通俗的語言寫了教學說明，以防教務處部門不熟悉，將其否決了。

所幸的是，愛因斯坦的課題申請得到了批准，於是他就在伯恩大學開課了。

（三）正式的學者

就在愛因斯坦剛剛擔任編外講師時，他的妹妹瑪雅正好來伯恩寫學位論文。她想看看哥哥的上課情況，就到伯恩大學打聽，愛因斯坦博士上課的課堂怎麼走？

那個人說：

「如果您問的是那個連愛因斯坦先生在內一共只有五個人的教室，請到三樓去找。」

馬雅找到愛因斯坦的課堂，從門縫裡向裡看到，其實愛因斯坦的課只有三個人在聽，其中一個還是他的老朋友貝佐斯。他們都倚在課桌上，嘴上叼著大煙斗、雪茄，你一言我一語，爭論得熱火朝天。

有一次，聯邦工業大學的克萊納教授來看愛因斯坦怎樣上課，正好發現愛因斯坦出神地站在黑板旁，沉默了一會兒後，擦掉黑板上的字，對三個聽眾說：

「很抱歉，下面的數學變換式不講了。」

原來，他一時忘記了可以巧妙演算的方法。他讓大家回去自己推導一下，只要保證最後的結論沒有錯就行。

課後，克萊納教授告訴愛因斯坦說，第一，他應該注意高等學府的禮儀；第二，他應該注意講課的條理性和系統性；第三，……

（三）正式的學者

愛因斯坦彷彿又回到了慕尼黑中學時代，做錯了事，聽著老師的訓斥。他感到很窘困，嘆著氣說：

「反正我又不想追逐教授的講壇！」

一九零九年年七月，愛因斯坦第一次獲得了學術榮譽——日內瓦大學名譽博士，同時應邀參加了日內瓦大學三百五十週年的校慶活動。

慶祝盛典的莅臨者後來回憶說，愛因斯坦的禮貌和普通的西服在法蘭西科學院院士的繡花燕尾服、英國紳士的中世紀長袍，以及來自全球兩百多名代表的各式各樣的名貴裝束中，實在是顯得太普通了。

九月，愛因斯坦又到薩爾斯堡參加了「德國自然科學家和醫生協會」的第八十一屆年會。這也是他第一次在年長的科學同道們面前亮相。

參加這個會議的有普朗克、魯本斯、維恩和其他一些德國物理學界的名人。當大會主席宣布「請我們年輕的同行阿爾伯特．愛因斯坦上台發言」時，大廳裡掠過了一陣竊竊私語。愛因斯坦學術報告的的題目是《關於輻射的本質和結構的看法演變史》。

會議結束後，愛因斯坦在人群中找到了普朗克。他將雙手向普朗克伸去，創立量子論和創立相對論的兩雙巨人之手緊緊地握在一起。

克萊納教授也是這次大會的參與者。在回國的列車上，克萊納教授對愛因斯坦說，他並沒有對愛因斯坦的教學能力失去信心，他會在蘇黎世設法為他謀得一個教授職位。

克萊納誠懇地對愛因斯坦說：

「這件事讓人為難的一面，就是您不願意在母校的父老面前搖尾乞憐，那麼就只要由我去代您做這件事了。」

十月，愛因斯坦從薩爾斯堡回到伯恩後不久，就接到了蘇黎世聯邦工業大學給他寄來的聘書，推舉他擔任大學的副教授。

十月二十二日，愛因斯坦帶領全家遷往蘇黎世木桑街十二號。對於愛因斯坦來說，蘇黎世充滿了親切感，因為這裡不僅是他讀大學的地方，他的科學思想也是從這裡成長起來的，這裡還有他的摯友格羅斯曼，以及那位上了年紀的數學教授胡爾維茨也在這裡。

（三）正式的學者

愛因斯坦不知道，自己現在的這一切來的並不容易，克萊納教授多次極力向學校建議：

「……現在，愛因斯坦先生置身於最重要的理論物理學家行列，已經得到認可，由於他的相對論原理……不同凡響的鮮明概念和對思想的追求……明晰精細的作風……」

克萊納教授明智的判斷，加上全力的推薦，終於消除了學校教委會的疑惑：愛因斯坦是個猶太人！

現在，愛因斯坦終於可以作為一名正式的學者，站在大學的講台上授課了。

第八章　任教布拉格

不要努力成為一個成功者，要努力成為一個有價值的人。

——愛因斯坦

（一）授課遭忌

在蘇黎世聯邦工業大學，愛因斯坦的生活安排與在伯恩沒什麼兩樣。除了研究課題外，上課就是一種放鬆。

每次上課，愛因斯坦都是看著懷錶的鐘點走進教室，一面脫下帽子和外套掛上衣架，一面和藹地和學生們隨意說話：

「同學們，上次講的量子的測定問題，你們有什麼想說的嗎？」

他不要求老師一進教室那一套禮節性的程式，所以在學生們七嘴八舌的提問中，他很快就能抓住一個要點，然後講解起來，課也就不知不覺地開始了。而且，他從來不帶講義和教材，是學校裡唯一一個這樣做的教師。

一位名叫漢斯．塔納的學生在這期間聽過愛因斯坦的講課，他回憶說：

當愛因斯坦身著半舊的上衣，下身穿著過分短的長褲登上講壇時，當我們發現他的胸前掛著一條鐵製的錶鏈時，我們對這位新教授不免心生懷疑。但他一開口講話，就以獨特的方式征服了我們變冷的心。

（一）授課遭忌

愛因斯坦講課時，用的手稿是一個如名片大小的筆記本，上面寫明他在課上即將闡述的各種問題。可見愛因斯坦的講課內容都來自於他的腦海，我們也就成了思維活動的目擊者。

像這樣的方法，對大學生來說更有吸引力；雖然我們習慣於風格嚴謹、四平八穩的講課，但這些講課剛開始也吸引過我們，但在老師和同學之間卻留下了一種隔閡感。而在這裡，我們親自看到科學家的成果是透過什麼樣的獨創方法產生的。課後，我們都覺得，我們自己似乎也能講課了。

科學成果的這種水到渠成的感覺，不僅是愛因斯坦授課方法中所獨有的，而且也是他的研究方法和他的思想內容所特有的。在講課方法與課程內容之間，有著一種深刻的和諧。

愛因斯坦在課上講的主要是古典物理學，但現在，在修改了它的基礎之後，古典物理學便被解釋成為另一個樣子，並因此用另外一種方法來闡述了。在學生面前，他展現出來的不是秩序井然的建築物，而是建築工地。愛因斯坦與其說是在向學生講述建築物的平面圖，倒不如說是與他們一起討論重建的方案。

本來名望就高，加上講課方法獨特、自然，平時又十分平易近人，因此愛因斯坦很快就成了學生們的偶像。

學校常常會開校務會，愛因斯坦不愛聽那些沒完沒了的發言，就閉上眼睛馳騁在自己的想像當中。

有一次，當他正陷入一個關鍵論據的辨析之中時，彷彿聽到有人提他的名字。

「諸位，我聽到學生們對愛因斯坦副教授的反映，想提請愛因斯坦先生注意。」一位老教授說，「愛因斯坦先生上課時，從來不帶講義教材。校長先生，就算是博學強記的天才，也不可能毫無依據地左右一節課吧。」

接著，又有學監老師附和道：

「的確如此。我還聽到學生們編的順口溜，說，『聰明的人才是數學行家，阿爾伯特．愛因斯坦指出物理學的方向，雖然他很少散步，呼吸新鮮空氣，可是上帝不許他剪掉長頭髮。』諸位，這並不是什麼好現象，提請校長先生注意。」

不過，阿德勒教授卻對此提出異議，他說：

「一位教授上課不用帶教材，下課後學生們能將他編成順口溜牽掛，尊敬的校長先生，這才是我們每個人要努力爭取達到的至高境界！」

「我很了解愛因斯坦先生，」格羅斯曼也說，「行為要與效果結合起來才行。愛因斯坦先生的教學水準，請您到學生當中，到教務處去調查後，再下結論會比較好。」

……

對於這些爭論，愛因斯坦根本沒興趣，他又閉上了眼睛，思考起物質的臨界問題。對於他們如何爭論他，他才不關心呢！

（二）轉往捷克

愛因斯坦在蘇黎世的薪水並沒有比在伯恩多，但副教授的頭銜卻要有副教授的排場和消費，家裡需要經常舉行晚間宴會，宴請其他的教授和他們的太太。這讓他們的開銷也隨之增加了。

幸好米列娃很能張羅，她招了幾個學生在家裡寄宿，以此賺些錢來補貼家用。

這樣一來，家裡雖然擁擠了，但愛因斯坦卻很高興。

「這樣簡直太好了！我可以跟這些學生們一起吃晚餐，並且像老朋友一樣和他們聊天，而不用像教授對學生那樣說話。他們也會開開玩笑，向我提出一些問題，並能隨時來向我請教。」

雖然家庭收入稍微增加了一點，但還是顯得比較拮据。這樣一來，每天被柴米油鹽攪得心煩意亂的米列娃也免不了會與愛因斯坦發生摩擦。

一九一零年六月，愛因斯坦的第二個兒子出生了，取名為愛德華。小兒子的出生不僅沒有改善愛因斯坦與米列娃的關係，反而使他們的關係日漸緊張。

米列娃和愛因斯坦都具有較強的個性，而且米列娃還覺得，嫁給愛因斯坦埋沒了自己的科學才華。她現在只能做一個喜歡空想的妻子，做一個庸俗的家庭主婦，每天照顧丈夫和孩子，為一家的一日三餐操心，實在太委屈了。

而且，這位大學物理系出來的高材生，操持家務的能力也並不高強，家裡經常搞得亂糟糟的。她需要丈夫的體貼、幫助，可愛因斯坦卻像個長不大的孩子，需要別人的照顧和關心。

儘管愛因斯坦也做家務，照顧孩子，但他的心思全部都在物理學上。如果在物理學與家庭之間做出選擇的話，他會毫不猶豫地選擇物理學。

可以說，蘇黎世造就了偉大的物理學家愛因斯坦，也給他的家庭悲劇拉開了序幕。

（二）轉往捷克

一九一一年初，愛因斯坦收到了中歐第一所大學，也是歐洲最古老的大學——布拉格大學寄來的請他去布拉格大學擔任教授的聘書，那裡的物理學編內教授職務空缺。

愛因斯坦經過一番思考後，接受了布拉格大學的聘請。

與蘇黎世相比，布拉格的待遇高，工作條件也好。而且，馬赫曾是那裡的第一任校長，開普勒也曾在布拉格附近工作過，這些都給愛因斯坦想像中的布拉格增添了一層誘人的浪漫主義色彩。

布拉格是一座古老而美麗的城市，布拉格大學是一三四八年卡爾大帝四世創立後發展起來的一所歷史悠久的大學。但在那時，總共才只有幾千人的德國人，卻統治著幾十萬捷克本地的居民——捷克和拉斯夫人。德國人自詡為這裡的主人，當地人是劣等民族，是他們的奴隸。他們在那裡橫行霸道，為所欲為。

一八八二年，在當時的政治環境下，布拉格大學被迫成立德國分校和捷克分校。一八六七年，馬赫在布拉格擔任實驗物理教授時，被推選為布拉格德國大學的首任校長，從此在這裡執教三十餘年，使這所大學逐漸聞名起來。

按照規定，在宣布委任教授之前，需要有推薦人的推薦書才行，於是，大學就邀請了德國最著名的理論物理學家普朗克擔任推薦人。

普朗克在推薦書中熱情地讚譽愛因斯坦：

「如果要對愛因斯坦先生的理論做出中肯的評價的話，那麼可以把他比作二十世紀的哥白尼，這也是我所期望的評價。」

布拉格大學歡天喜地地請來了科學界的翹楚，可愛因斯坦來到布拉格後，並沒有想像中那麼愉悅，因為這裡德國人的專橫讓他十分反感。

有一天，愛因斯坦走進一家捷克人常去的咖啡館，發現那裡的菜單上用的是兩種文字，而大字體是德文，小字體才是捷克文。愛因斯坦就將服務員叫來，問為什麼要這樣。服務員解釋說：

（二）轉往捷克

「如果我們的德國顧客發現他們的文字印得這麼小，就會認為受到了輕視。」

服務員起初將愛因斯坦當成了德國人，當一切清楚之後，他才悄悄對愛因斯坦說：

「他們看不起我們，侮辱我們，可是，這塊土地是我們的啊……」

愛因斯坦沉默了，他對遭受壓迫的捷克民族的苦難產生了深切的同情。愛因斯坦從小就有一種和平的心態，希望世界大同，沒有戰爭和饑餓。可是這裡的民族矛盾這樣激烈，讓他感到憂心忡忡。

更讓愛因斯坦感到不悅的是，當他在布拉格大學辦理公職手續時，一位官員問道：

「教授先生，您信什麼教？」

「不信教。」

「那可不行，教授先生，」官員皺了皺眉頭，說，「任命教授都是要皇帝陛下批准的。陛下規定，教授陛下信奉上帝，您就隨便說一個吧。基督教，還是猶太教？」

「我是猶太人。」愛因斯坦淡淡地說。

幸好官員腦袋靈活，在愛因斯坦的履歷表上填上了「信奉猶太教」五個字。

事情雖然矇混過關了，但這種強制信仰的做法卻使愛因斯坦終生都感到厭惡。

(三) 返回母校任教

表明宗教信仰，還不是愛因斯坦獲准進入布拉格德國大學執教的必備正式手續之一，另外一項要求，更是令這位科學家深感震驚，甚至視其為最愚蠢的做法，那就是要求他購買一套制服。

這種制服與奧地利海軍軍官的制服十分相似——三角形的羽毛帽，飾以穗帶的外套和長褲，以及一把長劍。

與所有的奧地利教授一樣，愛因斯坦也被要求穿上這件華麗的制服，宣誓效忠，然後才獲准進入大學執教。當然，他以後再也沒有穿過這套制服。

另一件讓愛因斯坦感到愚蠢的風俗，就是新來的教授必須去拜訪與他在同一學校任教的每一位教授，一共是四十八位。

雖然這是一件十分討厭的事，但愛因斯坦想，就當是順便欣賞一下布拉格各個街區的景象吧，也挺不錯的，畢竟布拉格還是個相當美麗的城市。

於是，愛因斯坦便開始了漫長的拜訪活動。他總是挑選可以供他散步而且是他所急於去看看的區域。

在經過城裡的猶太人區時，愛因斯坦停了一下，信步走過去，發現著名的猶太人公墓就在這裡。愛因斯坦憑弔著古老的墓石，原來並不在意的猶太人情節，現在突然變得厚重起來。猶太民族，一個苦難的偉大的民族！

當這種觀光式的拜訪結束後，愛因斯坦立刻就將拜訪名單撕掉了，其中有些教授他根本就沒去拜訪，這些教授們也自覺受到了侮辱。可他們不知道，愛因斯坦之所以沒有去拜訪他們，只不過是因為他們所在的地區沒有引起他的興趣而已。

（三）返回母校任教

在布拉格大學期間，除了教學，愛因斯坦還繼續從事他的研究工作。所以，他在第一次給學生們上課時就說明：

「我必須把最新的物理學觀點告訴你們，如果你們有什麼問題，隨時來找我，因為你們將是下一代的物理學家。」

但是，愛因斯坦的心情並不舒暢。民族之間的矛盾，猶太人壓抑的生活環境，都令他感到除了科學研究之外還存在著另外一種人生。就連學術界當中也不是至清至純的，教授們之間彼此也都滲透著一種歷史遺留下來的冷漠與隔閡。

一九一一年十月，愛因斯坦與同校的赫澤納爾教授，一起應世界索爾維會議的邀請，代表布拉格大學出席。

在大會上，愛因斯坦沒想到會有那麼多世界科學家的巨頭前來，一起彙集在古老的布魯塞爾城。

代表德國的是熱力學權威能斯特教授和愛因斯坦的老朋友普朗克教授；法國來的是數學大師彭加勒教授和電磁學權威朗之萬教授；英國來的是劍橋大學的頂尖教授拉塞福；波蘭來的是當時已經聞名世界的居禮夫人。

愛因斯坦的老朋友勞侖茲教授，是索維爾大會的主席。

在這次會議上，愛因斯坦根據「輻射理論與量子」的議題，系統地總結了量子論的各種應用。

（三）返回母校任教

演說結束後，全場掌聲雷動，愛因斯坦的發言也成為此次大會上最引起轟動、最具有指導意義的發言。勞侖茲教授興奮地說：

「各位學者，我們都聽到了，愛因斯坦博士的力量將解決經典物理學上許多未能解釋、未能深入研究的問題……我特別要說明的是，愛因斯坦博士是沒有任何指導老師的，他的理論完全是在艱苦自學中探索出來的，這是極其可貴的。我也要順便說明一個事實，愛因斯坦博士在他任教的蘇黎世聯邦工業大學檔案中，僅僅是一名剛剛聘用的副教授。」

台下一片喧譁，有交頭接耳的，有憤憤不平的，也有趁機力邀愛因斯坦去任教的……

參加索爾維會議令愛因斯坦的名望更高了，世界也都認識了愛因斯坦。隨後，歐洲的許多大學都紛紛向愛因斯坦發出講學邀請，甚至大西洋彼岸、美國的哥倫比亞大學也發來邀請。這時，蘇黎世聯邦工業大學——愛因斯坦的母校終於意識到不能怠慢自己的學生了，他們也打算邀請愛因斯坦來主持一個新開設的數學物理講座。

面對這麼多的邀請，愛因斯坦最終選擇了母校蘇黎世聯邦工業大學。米列娃也不喜歡布拉格，懷念蘇黎世。她與愛因斯坦一樣，將蘇黎世當成了自己的故鄉。而愛因斯坦對母校也有著一種依戀之情，而且那裡還有他的好友格羅斯曼，解決引力的問題需要他。

於是，一九一二年秋天，在布拉格大學一年的講學期滿後，愛因斯坦回到了母校蘇黎世聯邦工業大學，聘用期限為十年。

第九章　前往柏林

人所具備的智力僅夠使自己清楚地認識到，在大自然面前自己的智力是何等的欠缺。如果這種謙卑精神能為世人所共有，那麼人類活動的世界就會更加具有吸引力。

——愛因斯坦

（一）裂痕

戀愛可以很浪漫，但一起生活，一天到晚柴米油鹽是再現實不過的了。愛因斯坦與米列娃之間的感情裂痕早在伯恩的時候就已出現，當時他們的生活十分拮据，可愛因斯坦卻不食人間煙火似的每天與一大堆朋友散步、野餐，舉行家庭音樂會，討論各種在米列娃看來是屬於雲裡霧裡，一點也不切實際的問題，這一切讓她感到厭煩。

而且，愛因斯坦對生活漫不經心的態度也讓她非常反感。本來也積極上進、充滿理想的米列娃，在與愛因斯坦結婚後，成為一個整天陷於家庭瑣事的庸俗主婦，葬送了自己的科學前途，這讓她的心理很不平衡。

漸漸地，兩個人心靈上的交流越來越少，摩擦則日益頻繁。在布拉格生活的時間雖然不長，但在這期間，愛因斯坦與米列娃兩人之間的關係卻更加惡化了。因為在那裡，米列娃受到兩種根本的種族勢力的擠壓：一種是丈夫那種大日耳曼主義對斯拉夫民族的種族歧視；另一種是更接近她自己的，在她身上佔主導地位的斯拉夫式的感情受到排擠，這就進一步加劇了兩人之間的矛盾。

（一）裂痕

在回到蘇黎世後，他們的關係不僅沒有出現轉機，反而還不斷惡化，只不過表面沒有破裂罷了。

一九一三年，米列娃在給朋友的信中說，她的丈夫現在只為他的科學活著，而對他的家庭幾乎全不在意。

由於兩個人個性都比較強，發生摩擦後誰也不肯主動讓步。愛因斯坦得不到妻子的理解和支持，一方面將自己更多的精力放在科學研究上，另一方面就將埋在心底的話向自己認為合適的對象傾訴。

早在妹妹馬雅到伯恩寫論文時，就曾告訴愛因斯坦，年少時曾專心聽他拉小提琴的表姊愛爾莎很早就與一個商人結婚了，並且有了兩個孩子。但由於個性不合，他們很快就離婚了，現在獨自一人帶著孩子住在柏林的父親家中。

一九一二年，愛因斯坦因公從布拉格到柏林出差，曾去看望了表姊。從那時以後，兩個人就開始祕密通信，並且關係日漸親密。

在與表姊愛爾莎的通信中，愛因斯坦也毫不避諱地向她傾訴了自己的家庭煩惱。而這時，米列娃的身體也變得不好起來。由於嚴重的腿疼，她行走困難，精神也日漸沮喪，脾氣也越來越暴躁。

在從布拉格返回蘇黎世以後，愛因斯坦再也不是饑腸轆轆地在大街上徘徊和遭人白眼的窮學生了，甚至也不是兩年前不得不依靠收留幾個寄宿生來解決家庭經濟難題的副教授了。現在，他是以一個名震學術界的教授身分回到昔日自己曾經坐在裡面聽課的教室開始講課了。

在蘇黎世聯邦工業大學執教的幾個學期中，愛因斯坦先後開設的課程有：解析力學、熱力學、連續介質力學、熱的動力學理論、電和磁、幾何光學等。此外，他還主持每週一次的物理學討論課。

當時的蘇黎世，學術空氣十分活躍，尤其是在物理和數學方面。愛因斯坦主持的討論課，所有的副教授和大學的許多物理系學生都來參加。

與此同時，愛因斯坦也在不斷進行著自己的科學研究。他與格羅斯曼教授共同合作，當數學知識不夠時，就尋求格羅斯曼教授的幫助。格羅斯曼也再一次給予了愛因斯坦極大的幫助，指出要解開引力之謎，就必須有現成的數學工具——黎曼幾何和張量分析。兩個老朋友再度攜手，共同攻克難關。他們的第一個合作成果就是《廣義相對論和引力理論綱要》，其中的物理部分和數學部分是他們分別撰寫的。這也是愛因斯坦在廣義相對論探索的道路上邁出的主要步伐。

（二）柏林任職

在與愛因斯坦的兩次接觸，以及透過他的科學成果，普朗克認識到了愛因斯坦的意義與價值。在索維爾會議結束後，他就決心要將愛因斯坦弄到柏林去，並為此做了一系列的努力。

當時的德國，專門的國家科學機構或政府倡議私人投資建立的科學機構不斷湧現。在這些機構當中，理論研究受到執政者的高度重視。為了從英國奪取科技和工業發展的優勢，以「鐵腕政策」重新劃分市場、原料產地及投資地點，日耳曼帝國十分希望能令理論研究的實力集中在擴張工業和軍事競爭上面。

於是，各個金融寡頭開始宣布建立協會和研究院，並以受過加冕禮的倡議者的名字來命名，如「威廉皇家協會」便是由銀行家和工業家們共同組成的。他們對研究院提供資金贊助，並給予他們許多特有的權利。

「威廉皇家協會」準備吸收當時世界上最優秀的科學家加入，給予他們比較優厚的酬勞，而且沒有任何的教學任務，他們在這裡可以進行任何個人感興趣的研究。設想一下，讓這些研究帶來纍纍碩果不是沒有可能的。

挑選學者的具體工作由普朗克與能斯特負責。一九一三年夏季，肩負德意志使命的普朗克與能斯特來到蘇黎世，向愛因斯坦發出了盛情邀請。

但是，要請動愛因斯坦到德國去也不是件容易事。雖然他出生在德國，可他年輕時就毅然放棄自己的國籍，不做德國人。在德國人心目中崇高的品德，如忠君、愛國、英勇、服從等，卻常常被愛因斯坦稱為愚蠢和盲從。要讓這樣一位「怪人」到德國去發展，沒有極大的吸引力是很難的。

為此，普朗克也開出了誘人的「釣餌」：邀請愛因斯坦接受柏林的三個職位。注意，是三個，而不是一個！如果換做任何一位年紀較大或資格較老的教授或研究人員，其中的任何一個職位都可以將其當做終生事業了，而當時的愛因斯坦只有三十四歲。

（二）柏林任職

第一個職位是請愛因斯坦擔任正在籌建中的威廉皇家物理研究所所長；第二個職位是請愛因斯坦擔任柏林普魯士皇家科學院的院士，年薪一千兩百馬克；第三個職位是聘請愛因斯坦為柏林大學教授，他具有授課的權利，只要他有興趣，但沒有講課的義務，講課的內容與時間、講多或講少，都由他自己決定，其他一切事務他都可以不過問。

當一切都安排妥當之後，普朗克與能斯特便親自動身來蘇黎世請愛因斯坦。

這下愛因斯坦又躊躇起來了。去的話，他實在不想離開蘇黎世這個和平、寬鬆而熟悉的環境；同時，一想到德國統治者那種傲慢、偽善的態度，他心裡就反感。可不去的話，豐厚的待遇、充裕的時間以及好的不能再好的研究條件，不正是自己夢寐以求的嗎？

還有一點，就是愛因斯坦對自己的創造性有著一種隱憂，他曾對朋友說：

「柏林的先生們將我當做豢養的產卵雞，可連我自己也不知道，我還能不能下蛋！」

愛因斯坦陷入了猶疑不定之中。

不過，經過一番審慎的思考後，愛因斯坦還是決定接受普朗克的邀請前往柏林。因為柏林是當時的自然科學研究中心，有一流的設備、一流的人才，的確是研究與推廣相對論的最佳地點。為了自己心愛的科學研究事業，他決定嘗試一下柏林的生活。

這一次，愛因斯坦是隻身前往柏林的。這也是他第一次與妻子米列娃暫時分開，但這時他已經意識到，他們之間的永遠分離已經成為不可避免的事。但與孩子們的分離讓他十分痛苦，當著送行人的面，他流下了眼淚。

一九一四年四月，愛因斯坦到達柏林，並在柏林一直定居到一九三二年十二月。

(三) 物理討論會

走出柏林火車站，愛因斯坦留意觀察著這個國際化的大都市。一條縱貫市區的大道，道路兩旁種著整齊的菩提樹，這就是聞名遐邇的菩提大道。

大道的西頭，就是著名的布蘭登堡，東面則是去年愛因斯坦來接受普魯士皇家科學院院士榮譽的德國皇宮，雄心勃勃的威廉二世皇帝就居住在那裡。

這是一個缺少厚重文化積澱的城市。愛因斯坦在心中梳理著自己對柏林的印象，除了現代化的高樓大廈之外，它沒有中世紀的城堡，沒有歷史悠久的青石砌就的街道，更沒有那讓人懷念的古蹟了。

愛因斯坦很快就投入了工作，熟悉皇家科學院和物理研究所的一切事務。現在，他每天都很忙碌，這可能也含有另外一層的意思，就是想暫時擺脫家庭帶給他的煩惱。

空閒的時候，愛因斯坦不願意個人待在公寓裡，他感到十分寂寞。於是，他就經常一個人沿著菩提大道散步，或者在路邊喝咖啡。儘管這裡有他很多朋友、同事和老同學，任何人都十分歡迎他去家中做客，但他最愛去的地方，還是表姊愛爾莎家中。

這時的愛爾莎已經是一位貴婦人了。她身材高挑，頭髮時尚地梳向後面，露出光潔飽滿的額頭。當她美麗的藍眼睛撲閃著，顧盼自若之間，整個客廳都會輝煌起來。

愛爾莎有兩個女兒，離婚後，她就帶著兩個女兒在娘家住。

每次與愛爾莎見面，愛因斯坦的心情都會特別舒暢。後來，他索性帶來了自己的小提琴，為愛爾莎和孩子們演奏。每次演奏時，愛爾莎都會靜靜地坐在一邊聆聽。

從此以後，愛因斯坦在愛爾莎家中度過了很多個愉快的夜晚。只要有空，愛因斯坦就會來到這裡，與她們一起吃晚餐，然後再來一次音樂會。

兩個孩子睡覺後，愛因斯坦就坐在他最喜愛的椅子上，抽著他的大煙斗；愛爾莎則忙著家務和一些縫縫補補的工作。如果愛因斯坦願意談談他剛剛講授過的課程，或他在實驗室中未能解決的問題，愛爾莎就坐在一旁全神貫注地聆聽著，彷彿忘記她還要準備第二天的三餐。

當愛因斯坦陷入沉思中時，愛爾莎知道，自己最好不要說話。如果時間很晚，她會為愛因斯坦沖上一杯咖啡，並且送上一塊剛剛烤好的蛋糕。

愛爾莎的溫柔體貼與善解人意，令陷入婚姻煩惱的愛因斯坦感受到了溫暖和關懷。

在柏林，愛因斯坦進行科學交流的基本形式是每週一次的物理討論會。參加討論的除了愛因斯坦本人外，還有普朗克、能斯特、勞厄、弗朗克和創立量子力學原理

（三）物理討論會

的薛丁格等人。有時，發現鈾裂變的莉澤．邁特納也出席討論會。後來，這些人都成為愛因斯坦的朋友。

所有參加過愛因斯坦物理討論會的人，都對愛因斯坦留下了深刻的印象。他不僅能夠講出最深刻的思想，作風上也無拘無束，十分誠摯親切。這一切都給討論會定下了自由的基調。

當時，愛因斯坦的主要注意力還集中在相對論問題、引力問題和空間幾何的屬性對空間中發生事件的依賴性問題上。他的思維在加速運動，每時每刻都在思索著這些問題。

不過，這裡也有讓愛因斯坦感到煩惱的地方，就是繁文縟節太多。他憎恨一定要對他人稱呼正確的頭銜，不能把教授的太太稱為某某夫人，而要稱為某某教授夫人。如果稱呼別的，就會被認為是對對方的侮辱。

一位教授還要擁有好幾套服裝，講課時該穿什麼衣服，晨課時應該穿什麼，但愛因斯坦有時根本不理會這些，雖然有人在他背後指指點點，他也不在意。

愛因斯坦向來就拒絕各種世俗的想法，例如，參加大學宴會及定期擦皮鞋等，這些無足輕重的細節讓他感到很煩惱。他的一位同事曾將愛因斯坦形容得十分恰當：「在柏林，只有兩種物理學家，一種是愛因斯坦一個人，一種則是其他所有的物理學家。」

不過這樣一來，愛因斯坦總算能將大部分的時間用在他的物理學研究上。在剛到柏林時，他仍然繼續研究在一九零五年提出的相對論理論。當時，他的這項理論曾引起全世界的轟動，現在他則忙著寫一篇聲明，要將他的早期學說範圍擴大，且更加普遍化，希望能讓更多的學生聽懂並理解。

愛因斯坦對大學部的學生十分友好，經常抽空幫助他們解決問題，並且不會再向參加聽課的每個學生收取費用了。事實上，由於生活簡單，沒有任何嗜好，愛因斯坦有時甚至不知道該如何花掉他所獲得的大量薪水。

第十章　戰爭中的廣義相對論

提出一個問題往往比解決一個問題更重要，因為解決問題也許僅僅是一個教學上或實驗上的技能而已。而提出新的問題、新的可能性，從新的角度去看舊的問題，都需要有創造性的想像力，而且代表著科學的真正進步。

——愛因斯坦

（一）廣義相對論

當學術界還陶醉於相對論帶來的欣喜時，愛因斯坦的目光已經投向了更為廣闊的宇宙空間。在那裡，恆星、行星、星系以無比宏大的方式運動著，牛頓的萬有引力定律早就已經揭示了它們的運動規律，但狹義相對論卻無法容納萬有引力定律。而且在考察非慣性系的運動時，狹義相對論也無能為力。

這讓愛因斯坦感受到了自己提出的理論的缺憾：一個物理規律，應該在一切參考系中都是相同的，而狹義相對論卻如此地偏愛慣性系（勻速運動體系），這不能不說是一種遺憾。

於是，崇尚和諧、完美的愛因斯坦又開始了對廣義相對論的研究。

愛因斯坦關於廣義相對論的研究早在伯恩專利局時就開始了。有一天，他正坐在一把椅子上，突然一個想法從腦海裡蹦出來：如果一個人自由下落，那麼他就不會感受到自己的重量。

愛因斯坦吃了一驚，這個簡單的思想實驗對他產生了深刻的影響，將愛因斯坦引入了引力理論。他繼續想：一個下落的人被加速，那麼他的感覺和判斷就都發生在加速的參考系當中。

於是，愛因斯坦決定將相對論擴展到有加速度的參考系中。他感到，這樣做也許就能同時解決引力問題。一個自由下落的人感受不到自己的重量，因為可看做在他的加速度參考系中有一個新的引力場，它抵消了地球的引力場。這樣一來，在加速度的參考系中，就需要一個新的引力場。

經過進一步的思考，愛因斯坦將思考的結果寫入發表在一九零七年發表的《關於相對論原理和由此得出的結論》論文中。在這裡，他提出了一個問題：

「是否可以設想，相對性原理對於相互做加速運動的參考系也仍然成立？」

這也就是說，應該成立一條「廣義相對論」原理，即所有參考物體，不論它們的運動狀態如何，對於描述自然現象（表述普遍的自然規律）都是等效的。慣性系不應該是自然界中的一種具有特殊地位的參照系。

一九一三年秋，愛因斯坦從蘇黎世前往維也納參加自然科學家會議時，在會上作了一個關於廣義相對論的比較通俗的報告。儘管他的這一理論還沒有最終完成，但愛因斯坦已經等不及了。

由於愛因斯坦的反經典意念太強烈，大會因為他的報告而成了一場辯論會，有支持的，有懷疑的，而更多則是反對的。愛因斯坦很喜歡這種場面，因為辯論是人的感官最亢奮的時候，也往往會給自己帶來稍縱即逝的靈感。

辯論實在是太激烈了，幾乎收不了場。最後，愛因斯坦站起來，在黑板上畫了一個示意圖，然後說：

「感謝各位，我用我的理論初步推導出天體上星球微弱的光線，從地球上測得光曲折的角度應該是一點七四秒。明年將會有一次日蝕，天文學家們都將會抓住這個觀察測量星球的好機會，到時就會測出我計算出來的數據。朋友們，讓天文學來結束這次辯論吧！」

第二年，也就是一九一四年，一群德國天文學家募足了可以從事這項研究的資金，整理好他們珍貴精密的望遠鏡，動身前往俄國。

這群天文學家安全地抵達了俄國，但卻沒有帶回他們所希望看到的日全食的結果，因為這一年的八月，第一次世界大戰爆發了，人類陷入一場浩劫之中，俄國、法國和英國一起向德國宣戰。

所以，這群德國天文學家剛剛跨過俄國邊境線，就被俄羅斯軍隊當成間諜逮捕，並關進了監獄。他們攜帶的儀器也全部被砸碎。一直到四年後戰爭結束，和平來臨，他們才被釋放，回到德國。

（二）一戰爆發

愛因斯坦是一位徹底的和平主義者。許多年來，他一直認為，沒有任何事情能夠使他參加任何戰爭來對抗自己的同類。他發現，住在德國這樣一個好戰的國家實在為難，尤其是戰爭期間，更是尷尬。

戰爭期間，他再也不能像從前那樣與同事們自由地交往了。因為在原來的朋友當中，反戰的人太少了。他每天就像躲避瘟疫一樣，避開普魯士科學院和威廉皇家學會那些數不清的研究砲彈、飛機和潛艇的委員會。他將自己鎖在工作室裡，夜以繼日地緊張地進行著廣義相對論的研究工作。

這時，愛因斯坦在給朋友的信中寫到：

在驚慌失措的歐洲，正在發生某種難以置信的事情。這樣的時刻表明，我們是屬於多麼卑劣的生物品啊！我沉默地繼續進行和平的研究與思考，但卻被憐憫和厭惡所籠罩。

可在當時，戰爭的如此浩大，愛因斯坦就算想不予理會也是不可能的。所幸的是，他所從事的研究工作並不會與戰爭發生關聯。他很慶幸自己不是實用科學家，雖然他的同行們由於對毒氣及炸藥的研究作出傑出貢獻而獲得莫大的榮譽，但愛因斯坦卻不想得到這種殊榮。不過，在輿論方面，有關單位還是希望他能站在德國一邊的。

一九一四年，德國宣稱，他們與孤獨無助的小國比利時簽訂的合約只不過是一張廢紙。後來，德國侵入了比利時，並給比利時無辜的人民帶來了毀滅性的災難，世界各國對德國的這一卑劣行徑深感震驚。全世界的輿論都一致指責德國：

「只有野蠻的人才會這樣做，為我們帶來文學、科學和音樂的德國人怎麼能這樣做？這並不是歌德和貝多芬的德國，這是野蠻人的德國！」

（二）一戰爆發

德國政府企圖在世界輿論法庭上為自己辯護，證明不僅政治家和軍事領袖支持他們的這項行動，就連作家、科學家和音樂家也同樣支持。

於是，德國文學界的一些人在軍國主義分子的操縱下，炮製了一份顛倒黑白的《告文明世界書》，為德國的侵略行徑辯護，鼓吹「真正的德國精神」、「德國利益高於一切」的論調，並且煽動和威逼利誘德國科學家的一些名人在《告文明世界書》上簽名，表示支持。

這天，三輛軍用吉普車闖進了皇家科學院，並直接停在了物理研究所門口。

愛因斯坦正站在窗口想問題，一群黑衣軍人忽然進來了，其中的一個掛著少將軍銜的人不客氣地拉過所長的辦公椅坐了下來。他從副官的手中拿過一疊文件，扔到愛因斯坦面前，說：

「愛因斯坦院士，請閱讀，請簽字。」

愛因斯坦仍然靠在寬大的窗台前，他不是失禮，而是大腦還沉浸在一大堆演算公式當中沒回過神來。現在屋子裡突然闖進一大群黑衣人，他有些本能地排斥。

愛因斯坦瞇著眼睛，看到文件硬皮封面上有幾個粗大的字——《告文明世界書》。他拿了起來，冷靜地一頁頁翻過去。到最後的簽字頁，他匆匆地掃了一眼，非凡的記憶力讓他馬上就數出一共有九十二個人。

愛因斯坦猛烈地咳嗽起來，這其實是一種掩飾。因為他突然感到胸悶疼痛沉悶，他尊敬的朋友普朗克、能斯特、奧斯特瓦爾德……的名字，都赫然在目！

愛因斯坦並沒有簽字，而是禮貌地合上文件，交給了副官。

將軍看了看，又說：

「院士先生，請簽字吧！」

愛因斯坦沉默了片刻，然後像平時在講台上一樣，提了提褲子，說：

「閣下，戰爭發生後，再來宣揚自己無罪、別人有罪，已經毫無意義了。現在最緊要的是，在世界各國的監督下，交戰各國立即停止戰爭，銷毀武器，致力於恢復和平的工作。所以，我認為，簽署這份文件毫無意義！」

將軍聽了，毫無表情地站了起來，禮貌性地向愛因斯坦行了一個舉手禮，然後帶著隨從離開了。

因為愛因斯坦現在已經不再是德國公民，他是瑞典人，所以政府對他也無可奈何，不能將他當成叛國者。

望著軍車的離去，愛因斯坦透過窗戶，伸了伸他的大舌頭。

（三）告歐洲人民書

全面的侵略戰爭給人們帶來的災難，愛因斯坦覺得沉默是有罪的，在這樣的時刻應該站出來大聲疾呼，喚醒那些受到矇蔽的人民。

於是，他與三位不大有名的人針對《告文明世界書》，發表了一份《告歐洲人民書》，號召整個歐洲人民團結起來，爭取和平。這也是愛因斯坦一生當中所簽署的第一個政治宣言。

一九一四年十一月，愛因斯坦作為「新祖國聯盟」的創始人之一，組織德國反戰的知識分子為正義與和平工作。

當然，在參與正義事業的同時，愛因斯坦也沒有放棄自己關於相對論的研究。為了能夠儘快解開謎團，他努力地鑽研格羅斯曼介紹給他的數學工具——黎曼幾何和張量分析。

格羅斯曼說得沒錯，後來愛因斯坦就是利用這兩種數學工具創立了廣義相對論。廣義相對論中的一些方程式就包含了他所尋求的「時空連續性」結構依賴於物體分布的規律。

「時空連續性」在巨大的物體存在的情況下，原來真是非歐幾里得的「思維連續統一」。物理學從此得出了這樣的推論：三維空間在接近巨大物體時就會發生彎曲，物體時間的進行速度在這種情況下也會引起變化，而彎曲的發生遵循的是黎曼定律。

這就是說，任何物體在進入非歐幾里得領域，就開始以曲線運動，就像在弧形路線上的列車順著給定的彎曲軌道曲度行進那樣。而引力之謎，就正好隱藏在這裡。

當愛因斯坦熟練地掌握了一系列的數學工具後，他的新思想也漸漸清晰起來。但掌握工具是一回事，利用這一工具來達到預期的目的卻需要長期艱苦的、創造性的勞動。對此，愛因斯坦也曾在不少場合以不同方式談到了這一研究的甘苦與艱辛，這也反映了偉大科學家在科學探索過程中不屈不撓、堅忍不拔的頑強意志和毅力。

後來，愛因斯坦在他的《廣義相對論來源》一書中，在談到他在解決「黎曼度量本身的微分定律是怎樣的問題」時，曾經說到：

「它們消耗了我兩年極端艱苦的工作，直到一九一五年底，我才最後終於認清它們的本來面目。」

在這篇文章的結尾，愛因斯坦寫到：

> 從目前已得到的知識看來，這愉快的成就好像是理所當然的。而且，任何有才智的學生不需要碰到太多的困難就能掌握它。但是，在黑暗中焦急地探索的年代裡，懷著熱烈的嚮往，時而充滿自信，時而筋疲力盡，而最後終於看到了光明——所有這些，只有親身經歷過的人才會懂。

功夫不負有心人，更不會辜負聰明過人而又鍥而不捨的偉大科學家。透過整整十年的努力，愛因斯坦終於研究出了廣義相對論。其內容主要反映在一九一三年發表的與格羅斯曼合作的《相對論與引力理論綜合理論草案》，以及在這之後發表的一系列關於引力理論的論文中，即一九一四年的六篇關於引力的文章，一九一五年發表的《論廣義相對論》和《水星近日點運動的解釋》等。

由於參加反戰事業，為了保護愛因斯坦，皇家科學院中的一些有良知的官員以愛因斯坦不是本國國民為由，設法讓他出國講學，其實是為他的安全考慮，想讓他遠離德國柏林這個是非之地。他們甚至集體向軍政府擔保，讓愛因斯坦到遠離戰火的南美洲阿根廷去講學，講學期安排了三個月。

一九一五年底，愛因斯坦來到了阿根廷。這裡的人們熱情地接待了愛因斯坦。講學的環境條件非常好，可愛因斯坦根本顧不上領略異國的風情，而是將餘暇時間全都放在即將完成的課題研究上。

一九一六年，從阿根廷回國後，國內的形勢仍然讓愛因斯坦感到壓抑。每天，螺漩渦輪式雙翼飛機的噪聲照樣攪得城市不得安寧；各大報紙還在用大篇幅的版面鼓吹戰績。

愛因斯坦只好將自己關在書房中，整理手稿，然後在很短的時間內完成了一份總結性的論文《廣義相對論基礎》。

這篇論文發表於一九一六年三月。論文注重實例，成功地解釋了水星近日點的一系列活動，與歷來人類進行天文觀察得來的數據完全吻合。而且愛因斯坦還肯定地指出，經過一系列的計算，星球上發出的微光到達地球，光曲折的角度是一點七四秒！

愛因斯坦確信，相對論已經成為一個系統的物理理論了！

第十一章　偉大理論的驗證

不管時代的潮流和社會的風尚怎樣，人總可以憑著高貴的品質，超脫時代和社會，走自己正確的道路。

——愛因斯坦

（一）觀測日全蝕

愛因斯坦一向認為，科學家應該成為世界的公民。他的研究工作是集合許多國家、許多人的思想而成的，其中包括了義大利、英國、德國、美國以及丹麥等。政治可能把他們的國家引向戰爭，但科學家應該只追求真理，不管真理是在何處發現的，都應該對它表示歡迎。

很顯然，某些科學家也十分同意愛因斯坦的這種看法。在大戰仍然進行期間，英國的一群科學家還在繼續研究愛因斯坦有關相對論的論文。雖然愛因斯坦在德國大學擔任教授，但這些英國人並不將他當做敵人，而是只對他的理論感興趣。

早在一九一一年愛因斯坦提出光線掠過太陽表面會發生零點八三秒的偏轉時，柏林的天文學家費勞因德力西就決定去驗證這一推論。

怎樣驗證呢？在白天強烈的太陽光下根本看不到星星，晚上可以看到星星，可太陽又下山了，如何才能在有太陽的時候看到星光呢？

只有在日全食的時候，月亮遮住太陽，剎那間彷彿夜幕降臨了一樣，這時就能看

（一）觀測日全蝕

到緊挨著太陽的星光了。

一九一四年八月，科學家推測，在俄國的克里米亞半島能夠看到日全食，於是費勞因德力西便率領觀測隊趕往克里米亞。

不巧的是，第一次世界大戰在這時爆發了，費勞因德力西等人不僅沒有看到日全食，還被抓了起來。觀測日全食的計劃也隨即流產。

然而，科學的進步是任何人都阻擋不了的。一九一七年，戰爭仍然在繼續，而英國皇家學會天文學分會會長經過觀察研究，向一些科學家報告說，在一九一九年即將發生一次日全食。這是一次極佳的機會，可以讓他們驗證愛因斯坦的理論。到那時候，黑色的太陽剛好位於十分明亮的金牛座正中央。巴西西部的某處及西非幾內亞灣的一個海島上是最佳的觀測地點。

當科學家們聽到這個報告後，都十分興奮，認為這是一個很難得的機會。但是，有誰能夠獲准透過德國潛艇橫行的大海呢？德國潛艇的威脅，使當時沒有人敢離開英國本土，除非有軍艦護航。

但是，雖然沒有人能夠預測到戰爭何時才能結束，英國皇家學會及皇家天文會仍然充滿希望地指派了一個委員會，負責安排這次觀測任務。

幸運的是，一九一八年十一月，第一次世界大戰在各國人民的頑強抵抗中，以德國軍國主義政府失敗投降而告終。

一九一九年二月，英國組織了兩支遠征隊分赴兩個觀測點，其中一支由英國偉大的天文學家亞瑟·愛林頓爵士親自帶隊，像一首進入未知世界的偉大史詩，像一次扣人心弦的探險，不是去尋找寶藏，也不是為了了解那裡的風土人情，完全是憑著對一位偉大科學家的信賴，因為他詳盡地闡述了一種大膽的理論，而且僅僅是依靠他的科學推理所獲得的。他從純粹的思想領域裡大膽斷言：從遠處的恆星所發出的光線掠過太陽表面時，會發生一點七四秒這樣大角度的偏移（後來愛因斯坦經過計算得到這個數字，糾正了他在一九一一年得到的零點八三秒的數字），而按照牛頓的引力理論應該為零點八七秒。

科學家們都深知，這不僅是對一位科學家的一種推測的驗證，究竟是零點八七秒還是一點七四秒，是關係兩個引力定律、兩個物理世界圖像哪個更加精確的問題。可以說，它關係到兩個科學時代！

為何要派出兩個觀測隊呢？因為日全食時間短暫，而且很可能因為天色陰霾，無法拍下日全食的情景。所以英國皇家學會認為，比較保險的辦法就是在地球上兩處不同的地點拍攝日全食的情況——一處是在巴西北部的索布拉地區，另一處在幾內亞灣的普林西普島。愛林頓爵士率領的是第二支探測隊，在日全食發生前的一個月抵達了普林西普島。

（二）推翻牛頓理論

日全食的當天黎明，天氣陰沉、多雲，科學家們都非常擔心白跑一趟。如果在日全食發生時，一旦烏雲遮住了星星，他們的長途跋涉就等於白費了。

直到最後一分鐘，愛林頓爵士等人幾乎什麼東西都沒得到。愛林頓爵士清晰地記得，那天的黎明是在烏雲密布中到來的。當日全食即將開始時，黑暗的月輪周圍繞著光環，浮現出雲層，就像人們經常看不見星星的夜晚所看到的那樣。

「沒說的，按照原計劃進行吧，希望結果是美好的。」愛林頓爵士下了命令。

一個奇怪的、鬼魂似的、半明半暗的光環籠罩著地球，觀察場上死一般的寂靜，只有換底片暗匣的咔嚓聲和揮霍珍貴的幾秒鐘節拍器時的滴答聲。

這時，突然一束閃光出現在看不見的太陽上方，在太陽表面幾億公里的上方持續漂浮。普林西普島上的觀測員們根本沒時間去欣賞這奇異的太空景象，他們急切地期待著實驗的成功。

天空的雲層越來越厚了，彷彿故意與觀測隊做對，不讓人們發現愛因斯坦所推測的情況一樣。第一張照片上沒有一顆星星的影子，然而在二到十秒不等的時間內，共拍下了十六張珍貴的照片。

接近日全食結束時，雲層才漸漸變淡，所以最後的幾張照片拍攝得倒是比較清晰。在許多照片當中，有一個或幾個十分重要的星星沒有拍到。但有一張底片卻終於成功了：五顆星星的光照在底板上，這樣就足以驗證愛因斯坦的理論了。

他們終於獲得了這些珍貴的照片。幾個月後，兩支探測隊分別返回了倫敦，他們所拍的照片在實驗室經過仔細觀測，並考慮到一切可能性的錯誤。天文學家們用很長的時間嚴肅地討論著這些可能性，測量這些星星的人員也時時提防發生錯誤。

（二）推翻牛頓理論

一九一九年十一月初，在英國皇家物理學會和皇家天文學會舉行的一次重要的聯席會議上，在熱烈而緊張的氣氛當中，英國皇家天文學會會長公布了兩個觀測隊的觀測結果：

「兩支探測隊所做的觀察已經證明了光呈現出一點六四秒等值的偏離弧度，而愛因斯坦以紙筆所算出的預測弧度則為一點七四秒等值。」

皇家學會主席湯姆遜爵士，其本人也是一位物理學家。在演說中，他描述現在已經獲得證實的愛因斯坦理論為「人類思想史上最偉大的成就之一」。

他說，愛因斯坦不是發現了一個孤島，而是發現了整個新的科學思想的新大陸。這是牛頓首先闡明萬有引力原理以來所做的和引力相關的最偉大的發現。儘管在當時，愛因斯坦的理論對於一般人來說還是深不可測的，就是作為這次會議主席的英國物理學界的權威也坦白地說：

「我不得不承認，到目前為止，還沒有一個人能用簡單的語言向我講述愛因斯坦的理論實際描述的內容。」

然而，這件事本身卻以其重大的意義在某些方面震撼了整個世界科學界，震動了每一個人。

就在十一月七日的當天傍晚，倫敦街頭的告示牌上以巨大的字體標出了當天頭條新聞。行人們透過傍晚的濃霧，湊到昏黃的等掛下，看到告示牌上寫著：

「陣亡將士紀念日，各地實施停火。」

在那天早上，已經有許多人在沒有人提醒的情況下，主動將鮮花放在無名英雄的墓前。而當他們將要移開滿含淚水的目光時，也許會稍微停下腳步，看一眼第二個標題：

「科學上的偉大革命：牛頓理論被推翻！」

不久後，愛因斯坦就在他柏林四樓的公寓裡，小心地打開剛剛從倫敦寄來的一個包裝得很好的郵包，然後拿出那些觀測照片。他若有所思地凝視著這些星球的照片，這些照片中陰影中透露出的閃爍光芒，終於驗證了他的學說。也許在那一刻之前，他還不了解這種證實對他具有多麼大的意義。

（三）成名之累

愛因斯坦的理論被證實的消息很快就傳到了德國科學院，所有人都過來表示祝賀。而愛因斯坦不善應酬，只是不停地重複一句話：

「真理永在，我不過只是找到了它而已。」

各大報紙每天都在刊登這位偉大的科學家的消息，不僅刊登了關於相對論的評說，還刊登出他的一些生平軼事，其中一些乾脆就是胡亂編造的。雜誌上也開始出現他本人及其研究成果的長篇文章。

由於愛因斯坦的照片登出的次數太多了，無論他走到哪裡，都會被人們認出來。而愛因斯坦所到之處，更是受到了總統般的禮遇，人們給予他極高的讚譽，甚至還以漫畫、廣告等方式表達對愛因斯坦的崇敬。世界各地的大學和科學研究機構也競相聘請愛因斯坦作為特邀教授前往講學。

與此同時，家裡的來訪者也一天比一天多，有人是來要他的簽名，有人是來與他探討科學，還有人來向他闡述自己的驚人理論……這些讓愛因斯坦感到很煩惱。

有個住在巴黎的美國商人，特地從巴黎趕到柏林見愛因斯坦一面，回去後就在報紙上發布了一個懸賞榜：

「能用三千字的篇幅，通俗地解釋愛因斯坦教授的相對論者，獎勵五千美金。」

可是需要聘請專家組成徵文評審委員會卻讓美國商人傷透了腦筋。於是，他接二連三地給愛因斯坦寫信，並許以重金聘請愛因斯坦出任評審委員會主席，但都沒有獲得回音。

後來，這個商人總算東拉西扯地組成了一個團隊，從三百多篇來稿中選了一篇，獲獎人據說是個一輩子在專利局服務的六十歲老人。

那期間，每當愛因斯坦在柏林講課，大廳裡總是被圍得水洩不通，聽眾們常常有上千人，其中有不少根本就是湊熱鬧的人，尤其有不少是外國的遊客。

一位目睹過當時情景的人曾作過這樣的描述：

演講廳裡坐著許多身穿珍貴裘皮大衣的美國、英國闊太太，她們都手舉望遠鏡，仔細端詳著這位學者。報告一結束，這些外國遊客就衝向黑板，為搶奪這位紅極一時的學者寫字時留下的筆頭而爭論不休。他們想把這些東西帶回去，珍藏起來，留

（三）成名之累

作紀念。

任何事情，一旦「熱」起來後就難免有過火之處：浮誇、吹捧、拔高，什麼都出來了。這種情況對那些愛慕虛榮的人來說，正是求之不得，但對於實事求是的科學家愛因斯坦來說，簡直就是無法忍受的。

朋友們見愛因斯坦每天不勝其煩，便給他一個忠告：避而不見不如完全公開。因為好奇心是人的一種本能。愛因斯坦無可奈何，只要接受了朋友的建議。

於是，朋友替愛因斯坦祕密地約見了《泰晤士報》的主編。

十一月二十八日，全球發行的《泰晤士報》的前面幾個版面，都是關於愛因斯坦的獨家報導。在報導中，愛因斯坦說：

「為大家所注目的我的相對論理論，其最大優點就在於這個研究課題本身的結構之美，會令人沉浸在無窮的遐思之中。可是，我希望各位不要以為先驅牛頓先生的那偉大的成就和事業將會被這些理論所推翻。」

然後，愛因斯坦以極其通俗易懂的語言解釋了相對論的原意。最後，他寫到：

「我完全清楚，我沒有什麼特殊的才能，興趣專一，頑強工作及自我批評，才使我達到了我想要的那一步。尊敬的《泰晤士報》所刊載的關於我個人和我的環境的報導，完全是記者先生風趣而又活潑的想像力的產物。」

寫到結尾，愛因斯坦特有的孩子氣又上來了，他不乏幽默地說：

「讀者們如果有興趣應用相對論，我就是一個例子。比如，我今天在德國受到歡迎，被大家認為是德國的科學家，而在英國卻被稱為是瑞士籍的猶太人。如果到了哪一天，我成了不受歡迎的人，那麼我在德國就會被認識為瑞士籍的猶太人；而在英國，就會被叫做『那個德國佬』了。」

第十二章　偉人的婚姻

每個人都有一定的理想，這種理想決定著他的努力和判斷的方向。

——愛因斯坦

（一）愛爾莎

自從來到柏林後，愛因斯坦與米列娃之間的感情更是日漸淡漠。在一九一四年第一次世界大戰爆發後，戰火就像一頭瘋狂的野獸一般，肆意侵襲著各個地方。雖然瑞士是中立國，米列娃和孩子們在那裡還算安全，但郵政、電信和交通等通通都斷了，他也收不到家裡人的消息，不知道米列娃和孩子們怎麼樣了。

在戰爭期間，各種不方便之處對愛因斯坦這位愛好和平的教授來說，雖然沒有很大的影響，但仍然令他感到苦惱。因為饑餓在無情地肆虐著處於戰亂之中的德國首都柏林，愛因斯坦也只能靠領取已經削減過的口糧生活。

一九一七年初，當一位朋友去看望愛因斯坦時，發現他臉色蒼白而消瘦。這座位於柏林富人住宅區的寓所中，連火爐都沒有生，屋裡潮濕而陰冷。愛因斯坦一個人裹著一件破舊的晨衣坐在桌子前吸著煙斗，而煙斗根本也是空的，因為愛因斯坦已經很久都買不到菸草了。

儘管在學生時代因為飲食不規律而使胃部受損，但愛因斯坦的食慾一直不錯，而

（一）愛爾莎

現在戰爭已經使德國的各大城市都買不到食物了，這也令愛因斯坦的胃病開始惡化。

愛因斯坦每天會到表姊愛爾莎家中吃午餐。愛爾莎是一位天生的烹調能手，雖然糧食緊缺，但她還是可以設法為愛因斯坦和孩子們準備出比較好吃而營養的午餐。

這一天，已經過了午餐的時間，愛因斯坦還沒出現，愛爾莎有些擔心。因為這些日子她發現愛因斯坦明顯的精神不濟，胃口也很差，常常只吃一小片麵包就走。她還注意到，愛因斯坦的眼球有些發黃。

愛爾莎帶著食物匆匆趕到愛因斯坦的寓所，她希望愛因斯坦是因為沉迷於研究而忘了午餐的時間。可是一開門，她就聽見愛因斯坦痛苦而無力的呻吟聲。

愛因斯坦病了，而且病得很嚴重。皇家醫院的醫生一診斷，就要求他馬上住院，因為愛因斯坦患了多種病：黃疸型肝炎、胃潰瘍和精神虛弱症。

愛因斯坦央求醫生，希望能夠回到家中治療。愛爾莎也幫著愛因斯坦說話，稱她也懂一些醫學知識。因為在戰爭剛開始時，她還曾應召去軍隊的醫院看護傷員。其實她心裡是希望由自己來照顧愛因斯坦，她願意與愛因斯坦在一起。

愛爾莎從心底敬佩這位才華橫溢的表兄，那麼多內容深奧的書，她連一句都看不懂。而愛因斯坦震驚世界的論文手稿，經常是寫在拆開的信封背面，一頁白紙也要正反兩面都用上，草稿紙也是先用鉛筆寫了，再用鵝毛蘸著水筆來寫第二遍。

愛爾莎希望自己可以照顧表兄的生活，讓他的病快點好起來。在愛因斯坦和愛爾莎的一再要求下，醫院同意他們出院回家養病，但叮囑愛因斯坦一定不能太勞累。

為了方便照顧，愛爾莎將愛因斯坦接到自己家中。愛因斯坦差不多病了一年，主要是缺乏食品和藥。無論什麼戰爭一爆發，這兩樣東西都是最緊缺的。幸好有愛爾莎的精心呵護，他總算恢復了健康。

在身體剛有些起色的時候，愛因斯坦就要求看書研究課題，被愛爾莎拒絕了。

愛因斯坦很生氣，他說：

「讓我無所事事，那要比死去更難過！」

愛爾莎只好讓步了。她在為愛因斯坦編制的康復計劃中，加入了每天三小時的閱讀時間。

在那個為戰爭所破壞的世界裡，愛爾莎這位愉快、能幹的婦人為愛因斯坦帶來了和平安定的生活，也讓他的寂寞得到了慰藉。他開始越來越依靠愛爾莎在日常生活上的協助。對其他人來說，他是個偉大的科學家；而對愛爾莎來說，雖然沒有人比她更為愛因斯坦的聲名感到驕傲，但愛爾莎仍然認為愛因斯坦是個不切實際的夢想者，他需要一個妻子來照顧他、管理他，使他能夠定時用餐，以及記得每天穿上襪子。

愛爾莎的公寓裡有她喜歡的書籍、圖畫和鮮花，顯得舒適漂亮。在那裡，愛因斯坦可以與愛爾莎閒聊、聽音樂，度過愉快第一天。愛因斯坦認為，像這樣一位愉快的主婦，雖然對物理和高等數學絲毫不懂，但卻是一位理想的妻子。

（二）離婚

戰爭結束後，愛因斯坦回蘇黎世去看望了孩子們。戰爭阻隔了四年，愛因斯坦與米列娃之間好像建起了一堵無形的高牆。

在蘇黎世，米列娃的生活悠閒而有規律，她已經將自己完全融入了蘇黎世美麗典雅的風情之中。這位匈牙利裔的瑞士國民，已經是一位體態豐盈、端莊成熟的中年婦女了。

而大病初癒的愛因斯坦在戰爭結束後又重新獲得了自由，又成為科學界的領導人物，自然少不了疲勞奔波，所以顯得特別憔悴。

回到家後，愛因斯坦並沒有感到一種久別重逢的喜悅。雖然米列娃將家中安排得很舒適，兩個兒子也被教育得很懂事，但愛因斯坦總感覺米列娃熱忱的笑容是為一位尊敬的客人準備的。

一九一九年二月十四日，愛因斯坦和米列娃的離婚請求得到了法庭的批准。

回到柏林後，愛因斯坦沒有對任何人提起他與米列娃離婚的事。他不善於表達，更何況那是曾經相濡以沫的妻子，他不知道如何表達自己的心情。

在心煩意亂時，愛因斯坦就一個人到大街上遊逛。有一天，他逛到火車站，便下意識地買了一張車票，登上了去荷蘭的火車，到萊頓大學去看望老朋友勞侖茲教授。

愛爾莎以女人特有的敏感和細心，感覺表兄在這次回柏林後時常在沉思中走神。在這之前，他很少有這種情況。她敏銳地感覺到，愛因斯坦在蘇黎世的家中一定是發生了變故。

愛因斯坦回來後，愛爾莎以更加熾熱的溫存，撫慰著表兄那顆受傷的信。這一切不需要任何表白，因為他們從小是一起長大的，彼此都很了解對方。

一九一九年六月，愛因斯坦與表姊愛爾莎走到了一起。當時，愛因斯坦四十歲。對愛因斯坦的第二次婚姻，他的母親好像很滿意。在他們婚後的六個多月，她便搬來與愛因斯坦夫婦同住。

（二）離婚

愛爾莎天性樂觀、勤勞，以成為愛因斯坦的妻子為榮。但當時也有人對她頗有非議，認為她是貪圖名利之人，還有人認為她將愛因斯坦看成是她的私有財產。

不管人們如何評價愛爾莎，但她在愛因斯坦的生活中，無微不至地照顧他，給予他精神上的理解和支持，卻是不爭的事實。

雖然在事業上愛爾莎無法給愛因斯坦提供直接的幫助，因為她對物理學一竅不通，但愛爾莎了解愛因斯坦，並傾己所能地給予愛因斯坦所需的一切：溫馨、寧靜的家庭氛圍，甚至愛因斯坦所鍾愛的——孤獨。

偉人與天才也不是完美的，愛因斯坦曾在給好友貝佐斯的信中說：

「我承認，與米列娃的婚姻破裂主要責任在我。婚姻對於我的耐心是一種考驗。」

後來，愛因斯坦獲得諾貝爾獎金後，便將全部的獎金都給了米列娃，讓她用於她和兩個孩子的生活。

關於米列娃，愛因斯坦在晚年時寫到：

「她永遠對分居和離異耿耿於懷，並且養成了一種使人想起古典例子美狄亞的性情。這種情況影響了我和我的兩個孩子的關係，使之蒙上了一層陰影。我對他們是非常疼愛的，我生活中的這一悲劇側面一直毫不褪色地持續到我的晚年。」

米列娃的生活後來很不幸，最大的悲哀是她的小兒子愛德華患上了精神病，且對她也不能諒解，而她自己的身體也不好。離婚後，因為孩子看病開支大，她經常抱怨愛因斯坦給她和孩子的幫助不夠多，並透過教鋼琴和給私人教授數學來維持生活。

最後的幾年，米列娃甚至成為一個偏執狂。一九四八年八月，米列娃因病去世。

（三）再婚生活

結婚之後，愛因斯坦夫婦就住在柏林的一處寧靜溫馨的公寓中。愛爾莎每天都將家裡收拾得很乾淨、舒適。她還挑選一些高雅的家具，濃淡合宜的窗簾，精美的餐巾等，一切都顯示出愛爾莎作為家庭主婦的品位。雖然，愛因斯坦是否會注意這些情況倒頗值得懷疑，但愛因斯坦卻相當欣賞他的書房，那是一間裝飾十分樸素簡單的房間，裡面放著很多書籍和文件，它隔離了一切可能會打擾到他的事物，使他能夠專心致志地在這裡閱讀、研究。

很快，愛因斯坦的新家就成為柏林許多知識分子及藝術家的聚會場所。只要有人告訴愛因斯坦，來訪的客人中有幾位是音樂家，就不難令愛因斯坦離開他的書房。他雖然討厭參加正式的宴會，但卻很樂於舉辦這種家庭小聚會。他發現，在家中度過一個有音樂的夜晚後，工作起來就會更加得心應手。

除此之外，愛因斯坦的另一個娛樂活動就是去欣賞歌劇或者好的戲劇。

愛因斯坦是個過慣了馬馬虎虎生活的人，以前米列娃給他安排的家庭生活也是亂糟糟的。而現在，一切都是井井有條，就連每天抽多少根菸，愛爾莎都給他安排好了。然而他生就了叛逆不羈的性格，在科學事業、政治理想和生活習慣上，他都是一個勇敢的反叛者。

在愛爾莎為他營造的這個體面、尊貴的中產階級氣氛的家庭中，愛因斯坦就像一個闖進門來的陌生人。他會光著腳走到客廳裡，出門時還是不習慣穿襪子，而是直接將腳塞進那磨歪了後跟的皮鞋裡。即使有客人來時，他也是這幅樣子。

每次，愛爾莎都假裝很生氣，向他提出抗議。但愛因斯坦總是笑瞇瞇地說：

「別緊張，夫人，客人都是熟悉的朋友，不是嗎？」

在家裡的僕人眼中，男主人越來越長的頭髮，心不在焉的表情，以及他那身隨隨便便的衣服，在天鵝絨的大窗簾前，在花藍形狀的大吊燈下，總是顯得有些不協調。可這位男主人全然不顧及這些。

從現存的照片中，我們也可以看到愛因斯坦那獨特的魅力。對於愛因斯坦的外貌、習慣和工作方式的回憶，也足以讓我們勾勒出他那不羈的個性。

在愛因斯坦成名之後，舉世矚目的榮譽給愛因斯坦帶來了很多苦惱。每天都有一個接一個的記者來按愛因斯坦家中的門鈴，要對他進行採訪、談話、拍照……另外，每天還會收到大量的信件。

這期間，妻子愛爾莎為了讓愛因斯坦能夠專心工作，主動擔任其愛因斯坦的祕書工作。對於一些不重要的採訪，她都一一回絕；對於收到的各種信件，她都進行分類，一些她留下不回信，等著愛因斯坦過目；一些不太重要的，她就自己覆信，以減輕愛因斯坦的工作量。這項工作經常佔去她大半天的時間，有時甚至是整個晚上。

（三）再婚生活

第十二章　偉人的婚姻

第十三章　德國的和平主義者

雄心壯志或單純的責任感不會產生任何真正有價值的東西，只有對於人類和對於客觀事物的熱愛與獻身精神，才能產生真正有價值的東西。

——愛因斯坦

(一)危機

在一九一四年十一月時，愛因斯坦曾組織德國反戰的知識分子，為爭取正義與和平工作。德國戰敗後，在反戰人士愛因斯坦出乎意料地獲得重大成就的事情上，處於一種十分尷尬的境地。儘管當時《柏林畫報》整頁都刊載了愛因斯坦的巨幅照片，儘管將德國唯一的榮譽學位「羅斯托克大學醫學博士」頭銜授予了愛因斯坦，但愛因斯坦畢竟是瑞士人，而且是被日耳曼民族視為異教徒的猶太人。

因此，一些德國的極端民族主義分子便開始向相對論發難，並對愛因斯坦進行人身攻擊。有個名叫保羅．威廉的人跳出來，到處散發廣告，說要與愛因斯坦教授面對面辯論相對和絕對的問題，地點就定在豪華的柏林音樂廳。

到了辯論的那天，柏林音樂廳裡擠滿了懷著各種心態的人，但就是不見愛因斯坦到場。沒辦法，威廉只要唱獨角戲。

他發表了慷慨激昂的演講，最後他說：

「愛因斯坦的那個相對論，根本就不是什麼理論，而是一部拙劣的科幻小說。科

（一）危機

學否認絕對，無異於自殺！」

全場都跟著歡呼鼓掌。這時，有個穿著黑色皮外套的聽眾，一面笑嘻嘻的拍著手，一面站起來朝外走去。等人們發現這個人就是愛因斯坦時，他早已不見了蹤影。

對於這些對他進行非科學性攻擊的人，愛因斯坦通常都沒有太大的耐心，有時也會表現出比較反感的情緒。許多德國激進分子和反動派都憎恨愛因斯坦既是一個猶太人，又是一個和平主義者。有一次，在愛因斯坦擔任主講之一的柏林會議上，發生了很不愉快的事，最後竟然要動用武裝警察來對愛因斯坦予以保護，這真是讓人難過的事。

愛因斯坦在答覆對他個人所做的一次最嚴厲的個人攻擊時，僅僅只是宣稱說，這種攻擊根本不值得回答，因為從科學的角度來說，這樣的爭論毫無意義。

這類攻擊也深深地傷害了愛因斯坦，他一直都希望德國人好戰的思想能夠完全消失，因為戰敗後的德國皇帝已經流亡國外，德國現在已經是一個被稱為德意志共和國的國家，德意志帝國已經完蛋了，軍國主義已經垮台了！

而事實上，這位對於自然界看得比誰都透澈、清晰，埋頭於研究宇宙間最普遍規律的物理學家，對社會和政治的了解過於簡單了，甚至近乎於天真了。

其實早在一九一八年十一月九日德意志共和國誕生的那一天起，早已背叛了自己階級的社會民主黨議會黨團領袖、共和國臨時總統、馬靴匠出身的艾伯特先生就已經與陸軍首領做了一筆祕密的交易：艾伯特以答應鎮壓革命左派為條件，請陸軍支持臨時政府。議會大廈和總理府重重帷幕後面發生的這些骯髒的勾當，是愛因斯坦和無數善良的民眾做夢也沒有想到的，他們還以為德國戰敗創造了奇蹟，從今以後，德國即將出現和平、民主、自由和社會主義了呢！

由於共和國領袖向反動派投降，與他們沆瀣一氣，反動派便得寸進尺，趁機將戰爭失敗歸罪於所謂「十一月罪人」的出賣，並叫囂著要清算「十一月罪人」。

所謂的「十一月罪人」，其實指的就是那些和平主義者、民主主義在和猶太人。而愛因斯坦正好三者俱全。他不僅是猶太人，還是著名的、堅定的和平主義者。在政治傾向上，他更屬於資產階級民主派的左翼，是個激進的民主主義者，人們甚至將他看成是「堅定的社會主義者」，雖然他從來沒有參加過任何政黨。

因此，愛因斯坦自然也就成了反動派們要清除的對象。

（二）和平使者

愛因斯坦在少年時代就十分厭惡德國的軍國主義政策，這是他的直覺，也是他善良正義天性的使然。為此，他堅決放棄德國國籍，或許他早就預感到德國是容納不下他的。

到一九一九年時，愛因斯坦的名氣如日中天。但是，德國人卻抱著一種很複雜矛盾的心情來看待愛因斯坦的。

第一次世界大戰的失利，讓德國在國際舞台上的地位一落千丈，而此時愛因斯坦的巨大聲名卻成了統治者利用的資本。他們想借助愛因斯坦的名氣，讓愛因斯坦去周遊世界，宣揚德國，並為德國經濟復甦帶來好處。

可是不久以後，統治者們就發現，一位像愛因斯坦這樣有著獨立人格的「和平使者」根本不適宜做政治資本輸出的開路人。相反，愛因斯坦還在法國——德國人當時視為不共戴天的敵人——發表反戰言論。這極大地刺激了德國軍國主義分子。當時，一家頗有影響的報紙就發表評論說：

「無論如何，政府主管部門必須警告他，對他這樣一個有職在身的德國人來說，與法國人做學術親善在時機上極不相宜。」

於是，一些對有民主思想的科學家的敵視行為便開始蠢動起來。

德國的不友好氣氛，讓愛因斯坦也漸漸感受到自己已身處危險的境地。

就在這時，從蘇黎世和萊頓發來了熱情的邀請，請愛因斯坦離開飽經戰爭創傷、自身處境又十分危險的德國，到中立的瑞士和荷蘭去，那裡既有豐厚的待遇等著他，還有安全舒適的生活等著他。但是，當年痛恨德國、不願做頭等強國德意志帝國公民的愛因斯坦，這時卻反而眷戀起戰敗的德國來。

一九一九年九月，愛因斯坦在給朋友的回信中說：

我答應過普朗克，絕不背棄柏林……我在政治上的希望正在實現，如果不必要的出走，這將是小人行徑……在大家感到屈辱的時刻，離開那些對我有深情厚誼的人們，將使他們加倍痛苦！

是的，像愛因斯坦這樣的人，怎麼可能在這種時刻離開德國呢？戰爭的結果是德國無條件投降，割地賠款，然而德國大地卻滿目瘡痍，慘不忍睹。絕望的人們食不

（二）和平使者

果腹，衣不蔽體……在這種情況下，在戰爭歲月裡為德意志民族爭來無限榮譽的科學巨人，成為「德國的國寶」的愛因斯坦，是德國人唯一精神上的安慰與驕傲。德國人民意識到這一點，愛因斯坦自然也意識到這一點。何況在這反對叛亂、拯救民主的歲月裡，他還感到了一種自己從未有過的與德國人的密切關係！

同情與支持弱者，這一個總也改不掉的習慣，使愛因斯坦為了支持脆弱的德意志共和國，不顧個人的安危，寧願犧牲自己的安全與獨立性，放棄了曾經為他提供安全保護的瑞士國籍，在這時決定將自己的命運與德意志共和國聯繫在一起，毅然決然地使自己成為一名德國公民。

隨後，為了共和國，為了和平，愛因斯坦積極地參加了一系列的社會活動。其中最重要的，就是參加了「國際知識分子合作委員會」，並積極在其中活動。

開始時，他收到國際聯盟祕書長寄給他參加「國際知識分子合作委員會」的邀請柬時，並不知道這一組織具體做些什麼，只知道它是為了和平事業進行國際合作。委員中有勞侖茲、居禮夫人等這些信得過的老朋友，於是他欣然同意了。

但首次會議尚未召開，愛因斯坦就提出辭職，這主要是為了抗議德國日漸抬頭的排猶勢力。愛因斯坦的意思是，既然他們認為猶太人無權代表德國科學，那麼就請他們另外選人好了。

愛因斯坦的辭呈如同巨石落水一般，激起了國際聯盟巨大的波瀾。要知道，愛因斯坦可是哥白尼牛頓式的人物，「國際知識分子合作委員會」沒有他怎麼能行？

於是，國際聯盟馬上派人前往柏林，對愛因斯坦再三挽留。愛因斯坦經不住勸阻，只好收回辭呈。

一九二四年七月二十五日，愛因斯坦出席了國際聯盟的「國際知識分子合作委員會」第四次會議。

愛因斯坦在「國際知識分子合作委員會」共任職八年，這期間他斷斷續續地出席過一些會議，也作過許多發言。他呼籲改革中小學教育，因為當時的教育散布誤解和仇恨的種子，將戰爭美化為一種高尚的事業；他倡議成立世界政府，因為超越國界之上的世界政府可以防止國與國之間發生衝突。

然而，愛因斯坦的這一切善良的願望最終都化為泡影，因為他太天真、太善良了，以為世界上所有人都與他一樣。他不明白，世界上還有剝削階級與被剝削階級、殖民地與宗主國之分。

（三）赴美募款

在第一次世界大戰結束之後，愛因斯坦在一個時期內訪問了許多國家。他出訪這些國家的主要目的，正如他在一九三二年用電報回答德國萊奧博爾特皇家科學院院長的一份有九大問題的履歷表中所說的那樣：

……偶爾去法國、日本、阿根廷、英國、美國等地講學，除去帕薩迪納（美國加州南部、洛杉磯東部的一所衛星城市）之外，這些出訪的目的並不是為了科學研究工作。

既然不是為了科學研究工作，那又是為了什麼呢？

是為了恢復和加深德國與各國人民之間的相互諒解，為了團結一切進步人士反對戰爭、反對種族歧視和迫害、爭取和平而活動。

當然，世界各國也都熱情地邀請愛因斯坦去講學。對此，愛因斯坦對愛爾莎說：

「我很樂意前往，至少我成了民間交流的大使，我將訪問講學當成一種和平的使命。」

一九二零年夏天，愛因斯坦訪問了斯堪地那維亞半島。十月，他又成為荷蘭萊頓大學的特邀教授，同時他還發表了論文《以太和相對論》。

一九二一年一月，他訪問了布拉格和維也納，又在普魯士科學院作了《幾何學和經驗》的學術報告。

剛剛從維也納回來不久，愛因斯坦就要妻子愛爾莎收拾行李，因為他準備進行一次較長的旅行——到美國去，為希伯來大學籌募基金。

在這幾年，愛因斯坦對希伯來大學很感興趣。根據自身的觀察與體驗，他知道一個來自東歐的猶太學生想要進入一所大學，是相當困難的。許多這類年輕人，不論他們多麼努力或者多麼有才華，當他們竭盡所能地來到柏林後，竟然發現柏林的著名大學都對他們關起了大門。

而希伯來大學可以解決這個問題。根據愛因斯坦的說法，這所大學可以作為連接東西方世界的橋樑。

（三）赴美募款

英國化學家、多年來擔任猶太主義黨領袖的威茲曼，親自來到柏林，拜託愛因斯坦陪他一起前往美國籌募資金。威茲曼募款活動有兩個目的，一是希望募到金錢，在巴勒斯坦購買土地，讓更多的猶太人可以在當地的農場和社區工作；另一個目的，就是打算請求資助希伯來大學。愛因斯坦很願意幫他的這個忙。

愛因斯坦很清楚，由於他與日俱增的聲望，美國人會了樂於參加有他演講的任何猶太人會議，甚至只要他坐在講台上就可以了。雖然他感覺這種熱誠的活動有些愚蠢，但能夠替希伯來大學募集捐款，也是值得的。同時，他也很想看看美國。

一九二一年四月，愛因斯坦到達了美國紐約。當鹿特丹號遠洋輪駛入紐約港時，盛大的歡迎儀式隨即開始。

記者們都紛紛採訪愛因斯坦。這時，其中的一位大鬍子記者大聲問道：

「您為什麼主張和平？請回答我，教授先生！」

「您問得好，先生。」愛因斯坦臉色嚴峻起來說，「我主張和平，是一種視覺，是一種人類的基本情感，因為殺害生命是一種卑劣的行為。我的態度不是從理論來的，而是基於對人類殘酷和憎噁心理深切的反感。也許，在某一天，我會將這種反感理論化，但這已經是次要的事情了。」

美國總統在白宮親自接見了愛因斯坦，並給予他國賓級的禮遇。在隆重的儀式上，哥倫比亞大學授予愛因斯坦巴納德勛章；普林斯頓大學則授予他榮譽博士學位。

每一位德裔美國人都對這位來自祖國的訪客所獲得的榮耀充滿驕傲，美國的猶太人更是感激他為祖國同胞所爭得的榮譽。

在美國期間，愛因斯坦不僅在幾個大學發表了演說，還陪威茲曼到波斯頓等地方出席宴會，倡議募捐。愛因斯坦基本都是聽威茲曼去做，自己很少說話，但他巨大的聲譽和影響卻幫助了猶太復國主義的大忙。人們紛紛慷慨解囊，使這次募捐就像愛因斯坦在美國受歡迎那樣，獲得了遠超預料的效果。

後來，愛因斯坦根據自己的感受，向即將赴美旅行的朋友索洛文建議：

「在美國，你必須主動拋頭露面，否則掙不到錢，也不會受人注目。」

五月底，愛因斯坦在回國的途中，接受了英國的邀請，決定直接出訪英國。

（四）牛頓偉大的繼承者

愛因斯坦與夫人到達英國後，湯姆遜與拉塞福親自到利物浦碼頭去迎接他們。緊接著，英國皇家學會在三一學院、牛頓居住和工作的寓所裡舉行了歡迎儀式。

在訪問期間，愛因斯坦在倫敦和曼徹斯特等地作了學術報告。一般學者對這位來自敵國的大科學家的態度要比他們的會長審慎得多，所以在演講開始時，他甚至沒有得到歡迎的掌聲。

在演講中，愛因斯坦闡述了科學的國際意義以及學者們的交流與合作等，講到了英國人民在世界科學發展史中所造成的巨大影響，也講到了牛頓。他感謝英國同行，如果沒有他們，他也許不能看到自己理論得到最重要的證明。

愛因斯坦在倫敦大學講了整整一個小時，全場始終都鴉雀無聲，彷彿被某種偉大的神祕力量給震懾住了。但報告一結束，全場立即響起了熱烈的掌聲，他們為這位牛頓偉大的繼承者實事求是的精彩演講而感到由衷地歡呼。愛因斯坦有關科學無國界的思想產生了深刻的社會影響，不僅從根本上扭轉了聽眾的情緒，也大大扭轉了英國科學界的情緒。

一九二二年，愛因斯坦又被邀請到法國巴黎演講。與英國一樣，法國也仍然因為戰爭而對德國懷有敵意。當愛因斯坦來巴黎時，有許多人表示反對。幾位前往比利時邊界迎接愛因斯坦的法國科學家聽到謠言，說某些團體成員正計劃在巴黎火車站對付他們「最近的敵人」。為了安全，他們只好先行下車，把愛因斯坦送到旅館。

儘管有些法國科學家因為愛因斯坦出生在德國而敵視他，甚至對他故意冷漠，但愛因斯坦卻覺得多數人都很和善。許多見過他照片的人，都會很容易地從他那蓬亂的灰白色頭髮惡化深陷的眼睛中認出他。他十分感動地發現，當他在巴黎乘坐公車時，車上的工人彼此都會以肘互相輕觸，面帶微笑，友好地看著他。愛因斯坦評價說：

「在美國就不是這樣了。在那裡，每個人都會很用力地與你握手，同時把他的名字告訴你。我很快就忘掉了他們的名字，而『握手』累積下來的效果卻存留在你的手指頭上。」

由於愛因斯坦的請求，他去參觀了曾經遭受德軍侵略的偏遠地區。他們一群人在一處軍人公墓前停了下來，愛因斯坦摘下他那頂沒有形狀的軟帽子，傷感地凝視著那些似乎沒有止境的木十字架——黑色代表德國軍人，白色代表法國軍人。

愛因斯坦輕聲說：

「我們應該把德國所有的學生及全世界所有的學生都帶到這裡來看看，讓他們看清戰爭的醜惡。」

在巴黎期間，愛因斯坦還見到了他的老朋友、自己始終很尊重的居禮夫人。他很欽佩居禮夫人的人格力量，就像鋼鐵那樣寧折不彎的意志。一九三五年，愛因斯坦在《悼念瑪麗．居里》一文中寫道：

她一生當中最大的科學家成績——證明放射性元素的存在，並將它們分離出來——所以能取得，不僅是靠大膽的直覺，也靠著在難以想像的極端困難情況下工作的熱忱與頑強。這樣的困難，在實驗科學的歷史上是罕見的。

他還說：

居禮夫人的品德力量和熱忱，哪怕只有一小部分存在於歐洲的知識分子中間，歐洲就會面臨一個比較光明的未來。

第十四章　不安定的生活

現在，大家都為了電冰箱、汽車、房子而奔波、追逐、競爭。這是我們這個時代的特徵。但是也還有不少人，他們不追求這些物質的東西，他們追求理想和真理，得到了內心的自由和安寧。

——愛因斯坦

（一）復國運動

在柏林的最初幾年當中，愛因斯坦開始對猶太人的情況發生興趣。參加第一次世界大戰的每個國家都嘗到了苦難，但猶太人卻是戰爭中最悲慘的受害者。許多猶太人居住在波蘭及烏克蘭，經常受到入侵軍隊的騷擾。在居住區的猶太人經常被迫集體遷徙，或者全部被消滅。古老而著名的猶太文化中心也遭到了破壞。

柏林的猶太人分為兩派：一派主張猶太人和德國人同化，一派則主張猶太人回到自己祖先居住過的巴勒斯坦，重建猶太國。同時，同化派與復國派內部又有許多小派系，但愛因斯坦對於這種派系之間的爭鬥從不感興趣。

第一次世界大戰雖然十分恐怖，卻也給猶太人帶來了一線生機，因為猶太復國主義者的主張勝利了。

當時，猶太復國運動在柏林和倫敦的官場中都有堅強的後盾。復國運動的領導人十分精明，他們把態度不明確、有威望的猶太人列入名單，然後一個個登門拜訪，進行說服、爭取和拉攏。

（一）復國運動

一九一九年二月的一天，一個說客來到了愛因斯坦家中，他看出愛因斯坦是堅定地站在受苦的猶太人一邊的，因此便極力說服。最終，愛因斯坦表態了：

「我反對民族主義，但我贊同猶太復國運動。一個人，如果有兩條手臂，他還總是叫嚷著沒有右臂，還要去找一條來，那他就是沙文主義者。作為人類的一員，我反對民族主義；作為一個猶太人，從今天起，我支持猶太復國運動。」

因此，後來猶太復國運動的領袖威茲曼希望愛因斯坦與他一起去美國時，愛因斯坦便爽快地答應了。

一九二四年，愛因斯坦成為「柏林猶太教全體以色列人大會」繳納會費的會員。儘管愛因斯坦沒有加入猶太復國主義的組織，但他認為猶太復國主義是為個人的尊嚴而奮鬥的重要形式。

一九三零年十月下旬，倫敦的猶太人組織了一次晚會，英國大文豪蕭伯納與威爾斯應邀出席。在晚會上，愛因斯坦作了長篇演講，題目為《猶太共同體》。在這裡，愛因斯坦對猶太人的過去與未來、希望與痛苦、現實與理想等，進行了廣泛的論述，這也是愛因斯坦猶太民族感情的一次充分展露。

第十四章　不安定的生活

一九四八年，猶太民族終於又在巴勒斯坦建立了自己的國家：以色列國。

一九五二年，為了感謝愛因斯坦對猶太復國運動的支持和對猶太人的幫助，同時還因為他令人敬仰的國際聲望，以色列國議會提名愛因斯坦擔任第二任以色列國總統。

愛因斯坦回絕了。他很清楚，自己從未有過追逐任何政治利益的想法，他所做的一切，僅僅是出於他的正直之心和對人格平等的倡導。

可以說，愛因斯坦一生都在為猶太人爭取和平與自由，同時也為維護德國與其他國家的友誼作出了出色的貢獻。

不幸的是，愛因斯坦的這個努力過程充滿了艱辛和危險。就在一九二二年他從國外訪問結束返回德國時，一股以鐵血青年為代表的黑勢力正在迅速地蔓延到全國。

一些民族極端主義分子聚集在阿道夫希特勒上士周圍，從慕尼黑酒吧策劃陰謀開始，在全國掀起了排斥打擊猶太人的濁浪。

因為猶太人的背叛，德意志才成為戰敗國！因為猶太人的存在，才使日耳曼人面臨饑餓的威脅！這些煽動性的口號，使愛因斯坦不得不重新審視自身所處的環境。

（二）暗殺危機

由於物資匱乏和饑餓，德國社會動盪不安，新成立的共和國政府也軟弱無力，致使民心渙散。在這種情況下，以希特勒為首的納粹黨迅速發展壯大。

納粹黨橫行肆虐，一到晚上就開始四處遊蕩，附近也常常發生有人失蹤的事，有的屍體幾天後會在廢墟、水溝裡找到，有的就永遠消失了。

愛爾莎和女兒們越來越為愛因斯坦的安全擔心，可是愛因斯坦仍舊每天很有規律地早上出門，沿著菩提大道到皇家科學院物理研究所上班。

執政的社會民主黨內閣部長瓦爾特拉諾德是一個十分精幹的人，可由於他是一個猶太人，在一個悶熱的下午，拉諾德趕去外交部開會。突然一輛汽車追上來，靠攏他的轎車，三個男人端起槍就向他掃射，接著又投了手榴彈後便逃走了。拉諾德當場死亡，轎車也被燒燬。

這樁慘案震驚了全國。

兩天後，柏林便到處都是暗殺團的傳單，指出下一個目標就是威茲曼博士和愛因

第十四章　不安定的生活

斯坦教授。

「天啊！我們究竟得罪了什麼人？」愛爾莎害怕極了，天天為愛因斯坦祈禱。

「因為我是猶太人，一個猶太人怎麼配為德國人爭取國際聲譽呢？」愛因斯坦冷冷地說。

由於擔心愛因斯坦的安危，在愛爾莎的強烈堅持和朋友們的安排下，一九二二年，愛因斯坦出國訪問去了，目的地是日本。沿途，他們還訪問了可倫坡、新加坡、香港和上海等地。

就在愛因斯坦告別香港，準備起身前往上海時，一條電訊剎那間傳遍了全球：瑞典學士院和諾貝爾評審委員會宣布，由於阿爾伯特．愛因斯坦教授在光量子學說和理論物理上的功績，被授予一九二一年度諾貝爾物理學獎。

全世界都知道諾貝爾獎的份量，可是愛因斯坦卻有點不在乎。一直到一九二三年七月，愛因斯坦才在哥德堡舉行的斯堪地那維亞科學會議上，從瑞典國王手中接過證書和獎金。

在訪問各個國家過程中，愛因斯坦除了講學，就是繼續他的理論研究，苦苦尋找

（二）暗殺危機

光子概念中長期存在矛盾的解決方法。

從日本返回歐洲的途中，愛因斯坦夫婦還訪問了巴勒斯坦。在耶路撒冷北面的橄欖山上，由愛因斯坦和威茲曼博士共同籌集資金創辦的希伯來大學已經建成一半了。這所猶太人的最高學府，寄寓著愛因斯坦為提高猶太民族文化地位的理想和期望。

緊接著，他們又前往西班牙逗留了一段時間。

就在愛因斯坦夫婦剛剛返回柏林時，立刻就收到了納粹黨的警告：

「滾出德國吧，否則你將不能活命！」

生活還是沒有擺脫恫嚇和恐怖，可此時的愛因斯坦反而更有魄力了，他決定定期舉行公開的演講會，主要演講相對論，同時也宣揚他的和平主義。

在這個時期，愛因斯坦發現了康普頓效應，光子概念中存在的諸多矛盾得以解決。他第一次推測出量子效應來自過度約束的廣義相對論場方程式。

不久後，愛因斯坦又在統計漲落分析中獲得了一個波和物質結合的獨立論證，並發現了玻色－愛因斯坦凝態，還發表關於統一場論的重要論文《引力和電力的統一場論》。

由於不斷接到恐嚇信，警方向愛因斯坦發出了警報，可能有納粹黨徒已經滲入到社會各個階層，包括政府和警署裡。

不久後一天，一件意外的刺殺事件發生在愛因斯坦家中，幸好愛爾莎機靈和警察及時趕到，才沒有發生慘劇。在這種情況下，政府和科學院也不得不提出，讓愛因斯坦馬上離開德國。因為他們知道，愛因斯坦已經不僅僅屬於德意志，而是屬於全世界。一旦他遭遇不測，那可能就是重大的國際政治問題了。

一九二五年春，愛因斯坦以訪問學者的名義，登上了遠赴南美的遊輪。

(三) 病危

這次出訪過程中，愛因斯坦首先要訪問巴西，然後要到阿根廷的布宜諾斯艾利斯大學講學。期間，他還要與印度的「聖雄」甘地會面。在這段時間裡，除了講學等事務外，他手裡正研究的《非歐幾里得幾何學和物理學》課題論文年底就可以發表了。

明年一開春，他與海森堡教授還有約定，雙方要一同研究一下量子運動學的一些問題，並形成一個提綱。

接下來，他要去英國，轉道再去蘇聯。列寧剛剛建立了蘇維埃政權，要推舉愛因斯坦擔任蘇聯科學院院士。這是應該接受的，因為這表示對新生蘇維埃共和國的支持。

國際第五屆布魯塞爾索爾維物理學研討會接著就要如期舉行了，在量子力學解釋的問題上，哥本哈根的學者們肯定會激烈發言。這場大論戰有益於科學的發展，愛因斯坦覺得自己有必要提前做好準備，初步考慮論文的題目為《牛頓力學及其對理論物理學發展的影響》，論據一定要充分……

（三）病危

此時已經接近五十歲的愛因斯坦，由於長期的奔波和勞累，經常感到心臟不適、胸口發悶，並且還患上了風濕痛。

為了能讓愛因斯坦的健康狀況得以恢復，也為了能讓他疲勞的神經得到休息，在醫生的建議下，愛爾莎陪同愛因斯坦到瑞士的達沃斯溫泉渡假。

第十四章　不安定的生活

達沃斯的高海拔氣候溫暖而乾燥，又有富含礦物質的溫泉，對結核病、風濕病等有很好的療效，所以這裡有很多的療養院和醫院，前來療養的人也很多。

來到這裡後，愛因斯坦依然每天手不釋卷，愛爾莎便強行拉著他出去散步，去呼吸戶外清新的空氣。

不巧的是，愛因斯坦在這裡也能被人認出來。在一群年輕人的要求下，他答應每隔一天給他們講一次課。療養院的年輕醫生還自告奮勇地為愛因斯坦提供最好的會議廳當教室。

兩個月的療養很快就結束了，愛因斯坦現編的講義稿《物理學的基本概念及其變化》被學生們整理出來發表，後來被許多大學採用作為教材。

既然來到了瑞士，瑞士科學院是不會放過這個好機會的。就在愛因斯坦準備下山的時候，他們又邀請他參加一個高級別的科學會議，而且還要在會議上作學術演講。

於是，愛因斯坦在這裡與愛爾莎分手，愛爾莎返回柏林，愛因斯坦則被接到蘇黎世附近的恩加特山谷，那裡也是一個著名的療養聖地。

可是這次行程卻給愛因斯坦帶來了一次嚴重的心臟病，各大報紙都在頭版頭條發出消息：

「愛因斯坦教授病危！」

當愛爾莎和親友們焦急地趕到蘇黎世醫院時，愛因斯坦已經被搶救回來，靜靜地躺在病床上，身體很虛弱。

在瑞士出了這樣的異常，讓德國皇家科學家非常緊張。他們馬上派出一位精力旺盛的慕尼黑姑娘海倫．杜卡斯坦擔任愛因斯坦的私人祕書。

海倫．杜卡斯坦為愛因斯坦的人品和學識所折服，從此一生都追隨愛因斯坦。

生過這場大病後，愛因斯坦也開始關注起自己的健康狀況。回到柏林後，愛因斯坦一邊積極治療，一邊推掉一切的邀請和活動，在病床上開始了重量級的課題——《統一場論》的論述。

（四）慶生爭議

一九二九年，愛因斯坦的五十歲生日快要到來，由於他的健康狀況不佳，愛爾莎不打算舉行公開的慶祝會。不過，由全世界各地飛來的卡片和電報卻不斷地湧入愛因斯坦的公寓。柏林郵政局甚至為愛因斯坦設立了一輛專程郵車，因為各地寄來的信件、電報和形形色色的禮物，每天都要裝滿幾十個郵政帆布袋。

柏林的所有報紙也開始倒計時。這與《統一場論》第一篇論文一起組成了一個新聞熱點：

「五十華誕，愛因斯坦教授將出新理論。」

數百名記者每天都守在愛因斯坦家的附近，隨時捕捉各種新聞。

愛因斯坦的論文在他五十大壽前發表於普魯士學院的會議報告上，一共只有四頁，由一系列一般公眾很難弄懂的方程和公式組成。他試圖概括在宇宙中佔支配作用的兩種基本力——引力和電磁力的規律，辨明引力的吸引作用，並將它歸於一種電磁現象。

弗朗克說：

「對於內行人來說，這是一項巨大的邏輯和美學上完美無缺的工作。」

（四）慶生爭議

三月十四日這天一早，愛因斯坦公寓的大門被祕書海倫小姐打開了。早就等候在門口的捧著鮮花和禮物的人群驚奇地發現，教授家裡靜悄悄的，一個慶祝的人也沒有。

而此時，愛因斯坦夫婦正坐在柏林郊區的一棟獨門獨院的小別墅裡。為了躲避慶祝「風暴」，他們在幾天前就悄悄地搬到這裡了。

在此之前，柏林市政府為了祝賀愛因斯坦的生日，準備要將柏林市郊哈維爾湖畔的一棟別墅贈送給他。然而一向反對愛因斯坦的黨派卻公開發表聲明，稱愛因斯坦教授不配接受這麼貴重的禮物。結果，愛因斯坦的仰慕者與反對者之間便展開了激烈的爭論。

這讓愛因斯坦忍不住發起了脾氣。他終於明白，雖然柏林許多有影響力的人士都站在他這一邊，但他在議會中的敵人一定從一開始就反對贈送他這份禮物。於是，他給柏林市長寫了一封信，稱人生苦短，他等不到辯論的結果，所以正式發表聲明拒絕這份禮物。

為了讓自己不再成為任何政治爭論的中心，也為了能結束這件不愉快的事，愛因

第十四章　不安定的生活

斯坦自己拿出全部積蓄買下了這塊地，並在這裡蓋了一所簡單的小別墅。

愛因斯坦和愛爾莎很喜歡這裡寧靜的自然美景。愛爾莎告訴一位朋友說：

「我們把大部分的積蓄都花掉了，現在我們沒有錢，但有自己的土地和房產，這讓我們感到更放心。」

愛因斯坦卻不這麼有信心，雖然他很少談及對德意志共和國和整個世界的恐懼。這時，世界各國已經簽署了《凡爾賽條約》，但一直沒能達成真正的和平。如今，法國人和德國人也開始互相攻擊了，同時德國城市中的不安全因素也越來越多。在這種情況下，一個人怎麼能夠企求平安呢？

在那次漫長的旅程中，愛因斯坦一直惦唸著這場即將到來的風暴，但他還是對愛爾莎說：

「這一切都像是一場夢！在我們清醒之前，還是先享受目前的一切吧！」

就在愛因斯坦沉浸在田園詩般的生活和對統一場論進行新的構思時，一件不幸的事情又發生了。

一九三零年，他的幼子愛德華患上了嚴重的精神病。自從愛因斯坦與米列娃離婚後，兩個孩子跟隨媽媽一起生活，但經常到柏林看望父親。小兒子十分聰明，有著驚人的記憶力，愛因斯坦十分喜歡他。

然而，愛德華對父親的感情幾乎是一種病態的狂熱崇拜，後來這種情感又轉變成為更加病態的不滿、責備和怨恨。

接到愛德華患病的消息後，愛因斯坦馬上趕往蘇黎世。米列娃告訴他，愛德華患了日益嚴重的精神憂鬱症，精神病專家都無法遏止其大腦功能的迅速衰退。這個結果讓愛因斯坦感到很難過。

再次返回柏林後，愛因斯坦彷彿一下子老了許多，好像完全失去了以前那種無拘無束的幽默感，總是顯得很悲傷。

第十四章　不安定的生活

第十五章　遭受納粹迫害

在天才和勤奮之間，我毫不遲疑地選擇勤奮。
她幾乎是世界上一切成就的接生婆。

——愛因斯坦

（一）納粹眼中釘

一九三零年，愛因斯坦接受邀請，前往美國加州的巴薩迪那大學住幾個月。他之所以樂於接受這一邀請，是因為美國科學界的很多精英人物，如邁可遜等人，都集中在那裡。去那裡，他可以與同行們一起探討問題。另外，那裡正在設法用實驗證明他的統一場論。

然而一到紐約港，一切安排都改變了，接連不斷的談話、接見、參觀訪問……好客的美國人再一次對他表現出來巨大的興趣和高度的熱情，即使一向思想敏捷的愛爾莎也無法幫助愛因斯坦擺脫這些人。

「請您用一句話說明一下什麼是相對論。」

「您這次為什麼沒有隨身帶來小提琴？」

「您認為宗教能夠促進和平嗎？」

「人類的未來會怎樣？」

……

（一）納粹眼中釘

問題鋪天蓋地，似乎愛因斯坦就是無所不知的全能上帝。

對於愛因斯坦來說，這個「假期」簡直是最為累人的一次。在巴薩迪那，愛因斯坦講授了一系列的課程，參加了一些科學機會、座談和私人的交談。不用說，還有很多隆重的接待。出於禮貌，愛因斯坦不得不應酬。

一九三一年，愛因斯坦夫婦回到德國。秋天，他們又一次訪問了美國加州理工學院，並在那裡度過了整整一個冬天，第二年春天才返回德國。

當愛因斯坦一九三二年回到柏林後，獲悉的最新選舉消息讓他大吃一驚。德意志共和國的新總統是年老的興登堡元帥。一些群眾因為他在一戰期間取得的勝利而崇拜他，但崇尚民主政治的德國人卻深感不安，因為興登堡總統與他的同黨都痛恨共和制。他們擔心這位老總統會不會繼續加強戒備，奪走人民的自由。

一九三二年秋，愛因斯坦遵守諾言，第三次前往巴薩迪那過冬。這一次出行，他的預感很不好，好像再也回不到柏林了一樣。愛因斯坦的表現讓愛爾莎感到不解。

然而當年年底，愛爾莎終於明白了，愛因斯坦的憂慮並非毫無根據。一九三三年，有消息傳到美國，興登堡總統已經認命希特勒為德國總理。德國的形勢更加嚴峻，排猶勢力也更加囂張。

在希特勒眼裡，愛因斯坦已經犯下了不可原諒的罪行：著名的和平主義者、國際主義者，還是一位猶太人。因此，對於這個曾經為祖國帶來無比榮耀的偉大科學家來說，德國已經沒有他的容身之地了。

希特勒在其著作《我的奮鬥》中，對德國的猶太人一再作最嚴厲的指責。他宣稱，在和平主義者及共產黨的協助下，猶太人使德國在戰爭中失敗。雖然猶太人在德國的總人口不到十分之一，但希特勒卻指責他們控制了所有的工商企業，造成德國人的失業與痛苦。他還宣稱，不管這些猶太人或他們的祖先在德國已經居住了多久，他們仍然不能被視為德國公民。

在這期間，愛因斯坦在國際聯盟的活動也更加激起了歐洲反動派對他的敵視。不僅歐洲，美國人也有人起來反對他。在他第三次前往巴薩迪那時，就遇到了一系列的麻煩。

不過，愛因斯坦從未放棄自己的信仰和對自由、平等的呼籲。在離開加州之前，愛因斯坦在接受《紐約世界電訊報》的採訪時說：

只要我能選擇，我就會只生活在這樣的國家——在那裡，普遍遵循的準則是公民自由、寬容和法律面前人人平等。公民自由就是人們有用語言和文字表達個人政治信念的自由，寬容就是尊重他人的任何信仰。這些條件目前在德國是不存在的。那些對於國際諒解有傑出貢獻的人——其中有一些是第一流的藝術家——正在德國受到迫害。

一個人精神受到壓抑，就會得精神病；同樣，一個社會組織面臨嚴重的難題也會害病……我希望不久之後，德國將恢復到一種比較健康的氣氛中；我也希望，像康德和歌德那樣偉大的德國人，不僅常常被人懷念，還應在公共生活中，在人民的心中，以及透過他們矢忠的偉大原則的實際遵守，永遠受到人民的尊敬。

不久之後，愛因斯坦就離開了加州到了紐約的德國總領事館。他聽說希特勒已經開始逐步實施他之前在書中所提到的種種瘋狂計劃，於是前往紐約會晤德國領事。

德國領事很盡責地將現政府打算公平對待每一位公民的納粹謊言又重複了一遍，然後說：

「如果您沒有犯錯，您在柏林將如您在世界上任何其他地方一樣。」

「我不同意你的看法，」愛因斯坦禮貌地說，「我只願意留在一個政治自由，而且在法律上對所有人民一視同仁的國家中。但是，目前德國並沒有這種情況存在。」

隨後，領事館的一位官員緊隨愛因斯坦走出了領事的辦公室。他緊張地回頭望了一眼，然後低聲說：

「領事先生這樣說只是為了盡到他的責任，但我願意冒險地向您坦白說一聲，您不回德國是很聰明的決定。」

愛因斯坦對他的警告深表感激。難道他的祖國情況真的如此糟糕，任何崇尚自由的人都無法安全地待在國內嗎？

（二）移居美國

一九三三年春，愛因斯坦夫婦離開美國，前往比利時。他們在比利時海邊的避暑勝地找到了一棟比較舒適的住宅住了下來。

比利時國王頗有學者氣質，也一直都是愛因斯坦的崇拜者，經常邀請愛因斯坦到王宮作客。愛爾莎白王后則是一位很有成就的音樂家，並且還是一位技藝頗高的雕刻家。有一次，她將一件剛剛完成的作品拿給愛因斯坦看。愛因斯坦認真地告訴她：

「您真的不愧是一位王后。」

王后聽了，十分高興。

如果不是每天都有恐怖消息從納粹德國傳來，愛因斯坦在比利時的生活可以說相當快樂。

納粹要普魯士學會開除愛因斯坦教授，結果遭到了普朗克會長、能斯特博士和許多老科學家的反對。為此，德高望重的普朗克教授受到了不可一世的希特勒的狠狠訓斥。

愛因斯坦很清楚，納粹是一批人面獸心的傢伙，為了不讓朋友們因為他而遭受不測，他主動寫了一封辭職書寄給普魯士學會。同時他也覺得，在目前的情況下，他無法為德國提供任何服務。

（二）移居美國

普魯士學院中也出現了許多懦夫，為了表示對納粹希特勒政府的忠誠，最終學院發表了一份特別聲明，斷絕與這位二十多年來為學院帶來無上榮耀的科學家的一切關係。

起初，愛因斯坦的朋友以為，納粹這場暴風雨很快就會過去，教授很快就可以安全地回到祖國。但很快，這些樂觀人士也不得不承認，德國已經變成了一個瘋人院。在這所瘋人院裡，除了管理員之外，任何人都沒有安全感。

當年愛因斯坦因為對德意志共和國的忠誠而恢復了德國公民權，這是他的一項錯誤。如果他繼續保持瑞士公民權，以外國人的身分，或許還能夠保住他在德國的那些被納粹政府沒收的財產。因為愛爾莎的女兒寫信告訴他們，愛因斯坦公寓裡的藏書——包括他的相對論在內，連同其他書籍，都被當眾焚燬了。而他們位於郊外的小別墅也被沒收了。

「我們不會為了被搶去的那棟房子及存款而憂慮，」愛爾莎勇敢地說，「我們應該感謝上帝，讓我們的女兒和她們的丈夫都安全地逃出德國，比利時政府也將會盡力保護我們的。」

不過，不斷傳來的壞消息還是讓愛爾莎很不安。據傳，此時德國納粹已經懸賞兩

（二）移居美國

萬馬克要愛因斯坦的腦袋。

愛因斯坦聽到這個消息後，不僅不當回事，還摸著自己的頭，笑著說：

「我還不知道我的這顆腦袋這麼值錢呢！」

愛爾莎可笑不出來。她知道，納粹德國的祕密特工人員在歐洲的每個國家都很活躍，而且比利時距離柏林太近了，納粹分子可是什麼都幹得出來！

愛因斯坦的老朋友法蘭克教授得到這個消息後，急忙趕到比利時。憑著一路打聽，才找到愛因斯坦的住所。

法蘭克苦口婆心地勸說愛因斯坦，讓他暫時離開比利時。愛因斯坦最終答應了，但卻堅絕不肯化裝走，因為有傷自尊。他說：

「要是我倒下了，也一定要讓人們一看就知道：啊，這是好心的愛因斯坦先生啊！」

離開比利時，有兩個可以選擇的去向：一個是去法蘭西學院任教，這是愛因斯坦很願意，但最終因法國政府怕激怒德國而未能成行；另一個就是應普林斯頓高等研究院之邀，到美國工作。愛因斯坦最後只能選擇後者。

一九三三年十月，愛因斯坦夫婦乘坐一條租來的偷渡船，趁著夜色橫渡多佛海峽，一踏入英國境內就坐上了前往倫敦的火車。

到達倫敦逗留幾天後，在英國特工人員的護衛之下，愛因斯坦夫婦登上了前往美國的遠洋輪。一週後，愛因斯坦到達美國，在普林斯頓安頓下來。

(三) 妻子逝世

普林斯頓是個遠離鬧市的安靜小城鎮，整個城鎮宛如一個到處長滿各種神奇樹木的巨大公園。尤其是深秋時節，林木經霜變紅或變黃，五彩紛呈，顯得十分美麗。所有建築幾乎都是哥德式的，教堂的鐘聲時時在空中迴響，讓人感到這裡彷彿是牛津。

愛因斯坦受聘於普林斯頓高級學術研究院，這也是美國最進步的一所學校。弗萊克斯納博士創設這所學校的目的，是為了讓那些已獲得博士學位的年輕學者能在自

（三）妻子逝世

己學術專長範圍內繼續進行研究。

在這所高級學術研究院內，愛因斯坦教授享受到最大的自由。他不必定期上課，從而將大部分的時間用在自己的學術研究方面。愛因斯坦雖然喜歡這樣的環境，但又感到有些不安，甚至是難為情。在他看來，不必承擔教學任務，憑內心要求做研究工作而拿錢是不行的，因此他總想做些與基本研究活動無關的事情來作為生活費用的來源。

此時，德國納粹在「大砲代替奶油」的口號下，積極擴軍備戰，人民生活日益艱難。德國難民營中的猶太人越來越多。

愛因斯坦吩咐祕書海倫小姐，每月從他的薪水中抽出一部分寄給他的德國朋友和普魯士科學院的同事。而對於稿費和演講費用收入，他也事先說好了，全部直接轉到難民組織中去。

為了能多籌集一些錢幫助猶太難民，愛因斯坦在朋友的幫助下，在紐約首次舉辦了個人小提琴音樂會。儘管票價不低，但人們還是慕名而來，以能夠一睹名人的演奏風采而自得。演奏會的收入，愛因斯坦全部交給了希伯來大學校友會的人，用於幫助巴勒斯坦和波蘭的猶太人。

愛爾莎也很理解丈夫，為了能更清楚地掌握猶太人和難民在世界各地的生存情況，她還組織了「巴勒斯坦婦女同盟會」，協助愛因斯坦的工作。

不幸的事情又發生了。一九三四年五月，愛爾莎不得不回歐洲一趟，因為她的大女兒得了重病，正在巴黎住院。但她回去得太晚了，因為女兒在這之前一直向母親隱瞞病情。愛爾莎剛到巴黎不久，女兒就去世了。

愛爾莎十分悲痛，然後帶著大女兒的骨灰回到普林斯頓。幸好另一個女兒瑪亞特也搬到普林斯頓與他們一起居住，才讓愛爾莎感到稍許慰藉。

這年的冬天，愛爾莎便病倒了，而且病得很嚴重。愛因斯坦憂心如焚，整天不離妻子的床邊。對此，愛爾莎在給友人的信中說：

「他曾經被我的病情搞得心煩意亂，失魂落魄，我從沒想到他會如此深愛我，這讓我感到安慰。」

一九三五年夏，愛因斯坦夫婦搬到了一幢美麗的別墅中。在這空氣清新的加拿大湖畔的森林中，愛爾莎的身體又有所恢復，愛因斯坦便又返回研究院繼續工作。

（三）妻子逝世

後來，愛爾莎的病情急轉直下，不可避免的不幸終於發生了。一九三六年十二月二十日，愛爾莎撇下愛因斯坦撒手而去。

沒有了妻子的陪伴，愛因斯坦感到周圍一片淒涼。此後，他也流露出更多的獨孤和憂傷。

愛爾莎去世後，愛因斯坦便用拚命工作來打發寂寞的時間。只要生命的火花還在他身上燃放，就沒有一種力量會將他從追求統一場論的戰場上拉開。那些極其抽象的思維和理論，對於愛因斯坦來說就像新鮮的空氣一樣，是須臾不可缺少的。

第十五章　遭受納粹迫害

第十六章　原子彈之父

用一個大圓圈代表我學到的知識，但圓圈之外是那麼多的空白，對我來說就意味著無知。而且圓圈越大，它的圓周就越長，它與外界空白的接觸面也就越大。由此可見，我感到不懂的地方還大得很呢。

——愛因斯坦

（一）二次世界大戰

一九三九年九月，希特勒挑起了第二次世界大戰，使無數平民死於戰火。希特勒宣揚極端的復仇主義和種族主義，實行法西斯專政，對猶太人進行殘酷的迫害。第二次世界大戰期間，德國法西斯殘殺的猶太人多達六百餘萬。

戰火就像草原上的大火一樣，迅速燃燒到整個歐洲，但此時愛因斯坦在普林斯頓家中的生活還算平靜。海倫小姐將愛因斯坦夫人的責任承擔起來，每天要照顧愛因斯坦的生活起居，對於一些不速之客同樣予以阻擋。

這年，馬雅來到普林斯頓看望她的哥哥。另外，愛因斯坦的兒子漢斯夫婦和他們的兩個孩子：伯納德和艾弗琳，也一起來到普林斯頓愛因斯坦的家中。漢斯當時正在加州大學工程系擔任教授。

早在一九三三年的時候，愛因斯坦到美國是以觀光客的身分入境的。後來，他急於想成為美國公民，但根據移民法的規定，他必須先在某處外國土地上向美國領事提出申請。因此，愛因斯坦就前往英國的百慕達，在那裡向美國領事申請。但從百慕達回到美國之後，他還需要等上五年才能拿到美國國籍。

一九四零年，在愛因斯坦的生命中是具有決定性的一年，對他的女祕書海倫及繼女而言也是一樣，他們都順利地透過了考試，正式成為美國公民。

對愛因斯坦來說，他絕不會再盲目地信仰他的國家——不論他的國家是對還是錯。身為歐洲人，他比許多土生土長的美國人更清楚地看出侵略國的陰影正緩慢但卻肯定地籠罩在他們所選定的獵物上。這也令愛因斯坦的恐懼感與日俱增，因為他親眼目睹了日本在中國東北的侵略暴行：義大利佔領了無助的阿比西尼亞；法西斯主義者和納粹干預西班牙；德國佔領了捷克……

同時，愛因斯坦也感到不解：為什麼美國及歐洲其他民主國家對這些動亂都袖手旁觀？

有一次，他問一位美國高級外交官，為什麼美國不以商業抵制的方式阻止日本對中國的侵略？

「因為日本對我們的商業利益太重要了，」外交官說，「我們的許多位大商人都堅持出售石油和廢鐵給日本。」

愛因斯坦無法想像，一個愛好自由的國家竟然會將戰略物資出售給侵略者，這讓他很驚訝。

同時還有人提醒他，抵制某個國家及拒絕購買它的貨物，其實就等於是不宣而戰。愛因斯坦已經不再像以前那樣，積極宣揚他的和平主義了，但他仍然相信，戰爭是人類的最大禍害。他也知道，現在再不抵抗，就太遲了。

當愛因斯坦讀到從挪威到蘇聯的一些非戰鬥人員遭到屠殺的新聞時，當他想到歐洲那些優秀的領袖們正在集中營中受難時，他開始相信，暴力一定要用暴力來對付，否則，一切善良的人類就會從地球上消失。

一群比利時年輕人曾問愛因斯坦，如果比利時參加戰爭，他們是否應該拒絕參戰？這位曾經的「反戰」領袖卻斷然宣傳，他們應該為祖國的自由和和平而戰。

（二）原子彈的研發

在一九零五年時，愛因斯坦就曾表示，能量可以轉化為質量，而質量也可以轉化

（二）原子彈的研發

為能量。就在他發表這一聲明的三十三年之後，這項理論成為鈾製造的基礎，並導致原子彈的發明。

其實早在一九二一年愛因斯坦在布拉格講學時，就曾接見過一個非見他不可的年輕人。這位不知名的年輕人對愛因斯坦說：

「教授先生，您提出了一個偉大的公式：$E=mc^2$，希望可以發明一種巧妙的機器，能把物質中那億萬個原子所蘊藏的能量通通釋放出來，到那時候……」

「年輕人，不要激動，現在還不到談這件事的時候……」愛因斯坦打斷了他的話。因為在當時，物理學還沒有發展到這個地步，即將 $E=mc^2$ 應用到實際當中。大多數物理學家都認為，將原子中蘊藏的能量釋放出來，那也許是一百年以後的事情了。有人甚至說，那永遠都不可能實現。

時間發展到一九三八年，在德國的威廉研究所裡，奧托·哈恩博士和莉澤·邁特納博士正共同從事著有關鈾的研究。他們正在做一種實驗，想用中子來衝擊原子，造出比鈾更強大的放射性元素。

當實驗進行到最重要的階段時，邁特納獲悉她已經被納粹黨徒列為迫害對象，於

第十六章　原子彈之父

是逃到了瑞典，並將已完成的原子分裂理論發表出來。

這篇發表的文章題為《論鈾在中子轟擊下形成的鹼土金屬的認定及其行為》。在文章中，邁特納公布了一個奇特的結果：被中子轟擊過的鈾中出現了鐳。鈾是門得列夫元素週期表中的第九十二號元素，而鐳是第八十八號元素。這是怎麼回事？

其實當實驗出現這樣的結果時，哈恩也不能解釋；而邁特納則多多少少地認識到，這是中子轟擊鈾原子核將其分裂成為兩個放射性裂片，同時釋放出了巨大的能量。她意識到了這一實驗無比巨大的意義及其問題的緊迫性。邁特納毫不懷疑，這一實驗或早或遲必然會將人類送到地獄中去，因為她親眼看到那個優秀的德意志民族正在加緊建立統治世界的毀滅性機器。

於是，當邁特納一到瑞典，就立刻將她在實驗中所發現的全部細節寫成報告，並發表在瑞典的一本科學雜誌上。同時，她又給她的外侄——在哥本哈根的傑出原子物理學家波耳手下工作的弗里斯博士拍了一份電報，將這一重要發現告訴他。

弗里斯意識到這一消息的極端重要性，於是在柏林重新做了一次實驗，結果完全一樣。他將這種現象稱為「核裂變」。隨後，他將這一消息拍電報告訴了美國的費米教授。

費米在哥倫比亞大學也做了這一實驗，結果與哈恩的實驗結果完全一樣。

面對實驗結果，費米教授驚呆了。鈾的鏈式反應就是炸彈！它的威力，比普通的炸彈不知道要高出多少倍。可能在一瞬間，千千萬萬的生命就會被炸成灰燼。而如果讓希特勒和墨索里尼拿到這樣的炸彈……

費米教授不敢想下去。

這一天，正當愛因斯坦拿著邁特納發表文章的那本雜誌推敲時，波耳找到了愛因斯坦。他昨天才趕到紐約，今天一大早便搭長途巴士來到普林斯頓拜訪愛因斯坦。然後，波耳激動地向愛因斯坦講述了弗里斯博士告訴他的消息，以及邁特納博士對這件事的正確解釋。

愛因斯坦聽著波耳激動的敘述，陷入了沉思：難道那根本不可能發生的事就要變成現實了？他想到了那個在布拉格遇到的年輕人。

一九三九年一月二十六日，費米在華盛頓理論物理學家會議上，當著愛因斯坦和波耳的面說出了這樣一個想法：假如在擊碎的原子核內部除了分裂出兩個半個之外，還飛出一些中子來，結果會怎樣？

其實費米的推測已經晚了，在一月二十日時，居禮夫人已經發現在原子核裂變時伴隨著中子的存在。

三十日，這份報告在巴黎科學院的《報告》上發表了。後來得知，在哥倫比亞大學工作的匈牙利移民、愛因斯坦以前的學生利奧．西拉德在實驗室也同樣發現了這一點。並且他還發現，每次核分裂飛出去的中子還不止兩個。就算放出三個中子，那麼這三個中子再引起鈾核裂變，靠這種鏈式反應就可以使鈾的裂變一直進行下去，使存在的鈾核全部進入裂變過程。這樣在一剎那，億萬卡的熱量就將散發出來，兇狠無比……

這一消息很快就傳播開來，並在國內外引起巨大的反響，同時也讓希特勒終於認識到了它的重要性。於是，他動員兩百多名德國最偉大的科學家繼續進行哈恩的實驗。

幸運的是，德國納粹最終也沒有能力製造原子彈，這也是人類的幸運。後來，德國在蘇聯的前線戰敗，希特勒和他的將領覺得他們再也不能將龐大的財力和人力投入到哈恩和邁特納所創立的研究工作上了，因為他們急於製造戰爭所需的武器，根本沒有時間充分協助德國科學家們研究這項新的、可怕的力量。

（三）曼哈頓計劃

為了能夠在希特勒之前研製出原子彈，費米等人準備將這件事報告給美國政府，希望美國政府能夠有所行動，比如建立實驗室，召集科學家對這一現象進行集中研究，甚至可以早於德國製造出原子彈。

但是，如果將這件事向陸軍或政府官員提出，那將是一種不聰明的做法，因為這些官員很可能會斥責他們是不切實際的大學教授。

於是，費米與另外兩名物理學家在一九三九年八月的一個早晨一起離前往普林斯頓拜訪愛因斯坦，希望勸說愛因斯坦向美國總統羅斯福直接寫信報告。

「我寫信給羅斯福總統有用嗎？我們並未謀面。」愛因斯坦有些遲疑。

「整個美國的每一個人都認識並尊重您，總統當然也知道您的成就，聽說他對您還很仰慕。如果您肯寫信，必然會立刻受到重視，不管總統有多忙！」費米說。

事情看來已經發展到了緊要的關頭，如果德國人有足夠的時間，必然會研製出原子彈，從而使納粹所向無敵。到那個時候，所有人類都將生活在希特勒的殘酷統治之下，那豈不是太殘忍了？

想到這裡，這位滿頭白髮的科學家俯身在書桌上，拿起他的筆，開始寫下他一生當中最重要的一封信：

總統閣下：

我從費米和西拉德的手稿中獲悉了德國最近的工作，使我預感到不久的將來鈾元素會變成一種重要的新能源，這一情況的某些方面似乎要加以密切注意。如有必要，政府方面應立即採取行動。因此，我相信我有責任請您注意下列的事實和建議。

最近四個月來，透過約里奧在法國的工作以及費米和西拉德在美國的工作，已經有幾分把握知道，在大量的鈾中建立起原子能的鏈式反應會成為可能，由於會產生出巨大的能量和大量像鐳一樣的元素。現在看來，幾乎可以肯定，這件事在不久的將來會成為現實。

這種新的現象也可以用來製造炸彈，並且能夠想像——儘管還不確定——由此可以製造出極有威力的新型炸彈來。只要一個這種類型的炸彈，用船運出去，並使之在港口爆炸，很可能會將整個港口連同它周圍的一部分地區一起毀滅。但要在空中運送這種炸彈，很可能會太重。

……本人獲悉，德國政府已經禁止從其所吞併的捷克運出鈾了。德國政府何以採取這樣迅速的行動，可以從下面這一事實中獲得了解：德國外交部副部長的兒子馮．魏茨澤克已被派往柏林威廉皇家實驗室研究所工作，他目前就在該研究所內從事著美國關於鈾的研究。

您誠實的阿爾伯特．愛因斯坦

信件寫好後，該如何將這封絕密的信件交給總統本人，而不至於遭到延誤呢？後來，他們找到了一位送信的使者——紐約市的亞歷山大．薩克斯，他與總統身邊的官員有所接觸。

即便如此，愛因斯坦的信件仍然經過兩個月後才到達羅斯福總統的手中。

經過一番思考後，羅斯福總統最終採納了愛因斯坦的建議，動員全美國的學者，並由政府提供大量的資金和物質，讓他們從事有關原子彈的研究。這就是歷史上著名的「曼哈頓計劃」。

(四) 原子彈之父

一九四二年十二月二日，費米教授終於成功地做成了鈾的連鎖反應。緊接著，原子彈的研究和製造工作便開始緊張地進行著。美國政府在奧克利設立了一個祕密的大工廠，員工多達七萬餘人，使奧克利成為一個人口達十數萬的城市；又在漢福特設立了一個鈾的分離工廠，在洛斯阿拉莫斯設立了一個炸彈製造廠。

一九四五年夏天，愛因斯坦像往年一樣，在紐約州薩拉納克湖畔的別墅裡渡假。八月六日上午，愛因斯坦到茶樓喫茶點，祕書海倫在樓下等他，臉色陰沉。

愛因斯坦沒有注意這些，吃完後就叼著他的大煙斗朝自己的沙發走過去。

海倫看了愛因斯坦一眼，低聲說：

「今天早晨，一架 B29 轟炸機在日本的廣島投下了一顆原子彈。這是無線電剛剛播放的。」

「Oweh！」愛因斯坦喊了一聲。

那是德語「真糟糕！」愛因斯坦一著急，隨口就說了句德語出來。

愛因斯坦愣愣地站在原地，雙腳好像釘在了地上一樣。海倫走過來，扶他到沙發上坐下。

愛因斯坦坐在那裡，就像一尊石像一般，一動不動。在他思想的大海中，風暴來臨了。

兩天後，日本長崎又遭到第二顆原子彈的轟炸。

據戰後資料顯示，費米等人當初對希特勒研製原子彈的擔憂是沒有根據的。在戰爭期間，妄圖以「閃電戰」和常規武器奪得「最後勝利」的希特勒在急需「神奇武器」時，他們的財力已經枯竭了。正如海森堡在報告中寫到的那樣：

一九四二年夏天，德國主管部門決定不再研製原子武器。這一決定使參加原子能研究的物理學家們免於承擔道義上的重大責任。否則，一聲令下，就會迫使他們製造原子彈。

就這樣，德國的原子彈研製實驗並沒有像美國想像的那樣進行。

「假如在那個時候，一九三九年，我知道德國人還不能製造原子彈，我是不會向羅斯福總統提這個建議的。」

愛因斯坦後來對一位來訪的原子物理學家說。他似乎感到，這籠罩在世界人民心頭的陰影，廣島和長崎的災難，他也是有責任的。

由於愛因斯坦的質能關係式 $E=mc^2$ 奠定了原子彈理論的物理基礎，而他給羅斯福總統的信又使美國的原子彈研製工作得以啟動，因而人們開始將愛因斯坦稱為「原子彈之父」。

第十七章　晚年的思想

我每天上百次地提醒自己：我的精神生活和物質生活都依靠著別人（包括生者和死者）的勞動，我必須盡力以同樣的份量來報償我所領受了的和至今還在領受著的東西。我強烈地嚮往著儉樸生活，並且時常為發覺自己占有了同胞的過多勞動而難以忍受。

——愛因斯坦

（一）戰爭已經勝利，但和平還沒有來臨

隨著原子彈的爆炸，日本宣布無條件投降，第二次世界大戰結束了。整個世界都目睹了科學用於軍事所造成的悲劇，有人對此感到興奮，因為戰爭畢竟結束了。然而愛因斯坦卻陷入了深深的痛苦之中。他清醒地意識到，假如原子彈落入「孩童」之手，那後果將不堪設想。

一九四五年十二月十日，在為紀念諾貝爾而舉辦的宴會上，愛因斯坦發表了著名的講話：《戰爭已經勝利，但和平還沒有來臨》。

在講話中，愛因斯坦提出了一個發人深省的口號：將原子彈的祕密交給一個世界政府保管，以便永遠結束國家之間的可怕紛爭。

同時，愛因斯坦還極力倡導將原子能進行和平利用，造福於人類。

戰爭結束之後，德國的許多老朋友都希望愛因斯坦能回到德國，但愛因斯坦謝絕了邀請。他說：

「我不能原諒德國人，幼年時我受其專制式教育的摧殘，成年後回到柏林又遭到

許多攻擊，希特勒上台後我還遭到迫害。這些都能原諒。而讓我不能原諒的是，他們殺害了幾百萬猶太人。這種滅絕人性的殘忍行為，我永遠不能原諒。」

愛因斯坦的出生地——德國烏姆城希望能夠以愛因斯坦的名字命名一條街道，也遭到了他的拒絕。

這一年，六十六歲的愛因斯坦教授也退休了。可是第二天，他照樣還是準時出門上班。對他來說，退休並不意味著放棄學術活動，一個公務員可以退休，但一個有心智的人是永遠不會退休的。

的確，愛因斯坦對科學奧祕的探索，為人類和平和社會正義的努力一直都沒有停止。

一九五一年一月六日，愛因斯坦再寫信給比利時王后愛爾莎白時說：

我不拉小提琴了，這些年來，聽我自己演奏，越聽越難受，希望你沒有遭到類似的命運。留給我的事情是：毫不憐惜自己，研究困難的科學問題。那個工作迷人的魔力，將持續到我呼吸停止。

是的，這位年逾古稀的老人還在堅持著他的理想——研究他的統一場論——

這是他奮鬥了近四十年的課題。儘管他也意識到，在他有生之年可能難以有什麼突破了。

但是，愛因斯坦的生命彷彿就是為了進行各種科學研究，發現宇宙中的真理。他的整個後半生都在研究統一場論，這也是他的生活樂趣所在，甚至可以說是他生活的本身，也表現了他對自己信念和理想的無比執著。

對此，許多人都表示不理解，甚至將愛因斯坦描繪成一個僵化的保守派，是個死守著自己陳腐觀念不放的人。還是他的老朋友、傑出物理學家勞厄說得對，他指出，愛因斯坦所表現的不是「固執」，而是「異乎尋常的勇氣，結合著深入自然最本質特點的人才的洞察力」，「他懷有那種勇氣，繼續為建立量子力學而進行的尚未定局的鬥爭」。

二十世紀五零年代初期，物理學界在愛因斯坦所研究的統一場論的道路上，出現了決定性的突破，這讓愛因斯坦大受鼓舞。

在美國、法國、聯邦德國、蘇聯、日本和匈牙利等國家，都有一些物理學家堅信愛因斯坦的研究方向是正確的。因此，他們也都沿著愛因斯坦的研究道路奮力地向統一場論衝擊。其中，年輕的巴黎物理學家維瑞爾以愛因斯坦-格羅梅爾-英菲爾德型為基礎，在廣義相對論和原子理論之間，在場的各種理論與粒子的各種理論之間架起一座橋樑。

一九五二到一九五八年，維瑞爾在磁場與引力場之外又引入了第三個場，物質連續性的第三種性質形式，即「場」，這也是德布羅意假設的基礎層。這樣一來，這些波在維瑞爾的方程中就具有了實在的物質性質，波與粒子之間的統一也具體實現了。

愛因斯坦在得知這一突破時，給德布羅意寫了一封長信，表示他與巴黎學派採取的是同樣的立場。他將他的那封信稱為「遺書」，他寫到：

「請轉告維瑞爾，他的走是正確的道路。」

「請您對他和別的法國同志們說，我建議他們朝著他們所選取的方向繼續工作下去。」

一九五八年春天，德國著名物理學家海森堡所作的一些研究成果，雖然仍舊停留在統計方法的框子中，但在內容上其實已經非常接近電磁場、原子核和引力場的統一理論了。可惜的是，愛因斯坦未能親眼看到這一結果。

(二) 孤獨的人

愛因斯坦生來就喜愛孤獨。年幼的時候，其他孩子在院子裡玩耍，他卻很少參加遊戲；中學時，他是個受漠視的孤苦伶仃的人。他經常說，自己是生活在寂寞之中的，是個孤獨的人，並且他也時常流露出自己孤獨的感受：

「就我個人來說，總是傾向於孤獨，這種性格通常隨著年齡的增長而越發突出。奇怪的是，我是如此聞名，卻又如此孤寂。事實上，我享有的這種聲望迫使我採取守勢，因而也令我與世隔絕。」

從二十世紀四零年代末，愛因斯坦的信中便越來越多地流露出對生活厭倦的評論。隨著這些評論，他還越來越多地發出一種與要去世的人、與自己生命辭別的憂傷的、儘管是平靜的語調。這種平靜的憂傷，就好像一個人有時在寂寞的時候感受到的那種情緒。

一九四九年底，愛因斯坦在回覆老朋友索洛文給他的七十大壽的賀信時，裡面就有這樣一句話：

（二）孤獨的人

「……現在的人認為我是一個邪教徒，同時又是一個反動分子，真是活得太長了！」

他的這種情緒一方面是由於他不斷呼籲和平，而看到的卻是大國之間不顧人民死活所搞的劇烈的軍備競賽；另一方面則是由於他面對自己所期待的科學上的東西和他在科學上所能做到的事情之間的悲劇性脫節。尤其是在統一場論的研究上，他深刻地感受到自己做的事尚不能令人滿意，前面的路還很長，而自己卻已深感力不從心。

在愛因斯坦的獨特意識當中，非常清晰地表現出了伊壁鳩魯式的樂觀主義態度。早在兩千多年前，伊壁鳩魯就為反對怕死而提出了有力的論證：

「當我們存在時，沒有死亡；當有死亡時，我們已不存在。」

當他自己快要死時，他坐在熱澡盆中，要喝濃郁的醇酒，並在臨終的信中將死去的一天稱為自己最幸福的一天，因為他的腦海中充滿了關於哲學推論的回憶。

愛因斯坦對待死亡的觀點很接近伊壁鳩魯，但他也不排除對將要失去的生命的憂傷。這也是愛因斯坦獨特的生命意識，對本人的生命相對無所謂，而對已經死去和將要離去的親人的強烈的、雖說是平靜的，憂傷。這些親近的人一個接一個地離開愛因斯坦：愛爾莎、居禮夫人、格羅斯曼……

每每想到這些人，愛因斯坦就會產生一種對親人的深切懷念和十分強烈的憂傷。

有一次，愛因斯坦在與英菲爾德談話時說：

「生命——這是一出激動人心的和輝煌壯觀的戲劇。我喜歡生命，但如果我知道過三個小時我就死了，這也不會對我產生多大的影響。我只會想，怎樣才能更好地用剩下的三個小時？然後，我就會收拾自己的紙張，靜靜地躺下，死去。」

在普林斯頓，愛因斯坦似乎願意用全部的時間來保障對統一場論問題的「孤獨思考」，然而他的思考卻常常被人們打斷。許多人都期待愛因斯坦的忠告、幫助、演說。在多數情況下，他們既得到了忠告，又得到了幫助，還聽到了演說，這就使情況變得複雜起來。因為一個嚮往孤獨的科學家不斷地同大多數人打交道，這在全世界科學家中都是很少見的。這種局面不僅同科學家的外部環境有關，還同他的世界觀的內在基礎是聯繫在一起的。

有一次，愛因斯坦在倫敦演講，當時那裡正在討論德國移民科學家的命運。愛因斯坦建議說，看燈塔的職位是最適合科學家的，因為孤單一人在燈塔上面有助於研究。這也表達了他早年的夢想。

（三）知識都是相對的真理

在愛因斯坦去世的前兩週，科恩訪問了他。科恩後來寫道：

他的臉呈現出陰沉和悲傷，布滿了深深的皺紋，但一雙炯炯有神的眼睛卻消除了衰老的印象。特別是愛因斯坦在笑的時候，眼睛裡噙滿了淚水，這時他就用手背拭去眼淚。

科恩與愛因斯坦談話的內容是關於科學史的，但也涉及到一些哲學問題。愛因斯坦講到，他的立場與馬赫的立場之間是根本對立的，他還比較詳細地敘述了他在維也納與馬赫的會晤，以及他們之間發生的關於分子和原子存在的爭論，並且還提到後來的一代物理學家的哲學愛好。

在談話中，愛因斯坦還和科恩談了促進科學發展的動力問題。他認為，恰恰不是解答，而是問題、衝突、爭論和矛盾將科學史變成了思想戲劇的東西。

愛因斯坦認為，某些基本問題可能會永遠糾纏我們，一些似乎解決了的問題在新的歷史條件下又會從新的角度重新提出來，問題的這種保留和再現——儘管在這個時代有了解答——證明解答有近似的、暫時的、相對的性質。它為世界帶來了正面的、歷史不變的內容，卻不取消問題，而是令它更加深化，更加現代化，使它再現於科學之中。

因此，要想判斷科學思想的運動，不僅需要知道它已經達到的觀點程度，對它面臨的問題進行何種解釋，還要知道它的速度、它的梯度是怎樣的。而這些，不僅與答案有關，與新的問題與老的問題的變化與深化、與傳給未來並繼續存活的一切事物有關，因為科學已經獲得的答案、觀點將會過時。科學的這種發展，不僅是外在因素作用下的運動，在很大程度上是由於內因，由於內部的衝突所致。

愛因斯坦說，牛頓是十七世紀的思想家，正面的解答屬於十七世紀，也屬於以後的兩個世紀；而未解決的問題、十七世紀的矛盾和問題，也屬於未來的世紀。它們令愛因斯坦產生了一種不朽的思想。

（三）知識都是相對的真理

愛因斯坦稱，我們的知識都是相對的真理，所有這些知識，都是達到完全知識的一個階段。因此，愛因斯坦雖然在許多方面都對牛頓的力學進行了推導，但他卻並沒有完全拋棄它，而是在物理知識結構中給它一個應有的位置。

愛因斯坦強調說：

「我們關於自然現象觀念的全部發展……可以看做是牛頓思想的一種有機的繼續。」

第十八章　因病離世

只要你有一件合理的事去做，你的生活就會顯得特別美好。

——愛因斯坦

（一）為他人設想

自從一九一六年病了一場之後，愛因斯坦就一直有胃病、頭痛、噁心和嘔吐等毛病，但他每天都有做不完的事，有處理不完的工作，始終都像一支兩頭點燃的蠟燭，從來都不知道保護自己的健康。

自從與愛爾莎結婚後，愛爾莎對愛因斯坦的健康問題很關心，因此在那一時期，愛因斯坦的健康狀況還不錯。但一九三六年，愛爾莎撒手人寰，愛因斯坦又開始繼續過著從前那樣的生活。雖然有祕書海倫的照顧，但身體狀況還是每況愈下。

一九四五年和一九四八年，愛因斯坦又因主動脈上有瘤而做了兩次大手術，這讓他本來就不怎麼好的身體更加糟糕。

愛因斯坦也漸漸清楚，上帝留給自己的時間不長了，但他依然拚命地工作。他要為人類做盡可能多的事，希望再從事一些工作，並希望他的努力在呼籲世界永久和平方面能夠奏效。當然，他也希望能在統一場論的研究上取得比較滿意的結果。

一九五五年四月十三日，愛因斯坦在起草電視講話稿時，突然腹部絞痛，海倫小姐馬上找來醫生。經過診斷後，醫生們認為愛因斯坦患的還是主動脈瘤，並建議他馬上手術。

但愛因斯坦拒絕了。在一九四五年和一九四八年的兩次手術後，他就知道，主動脈瘤這個炸彈肯定會再次爆炸的。

第二天，心臟外科專家格蘭醫生從紐約趕來。儘管愛因斯坦的身體很虛弱，動手術很危險，但格蘭醫生經過權衡利弊，還是建議動手術，因為這樣才可能有生的機會。

愛因斯坦聽完醫生的話，蒼老的臉上現出一絲疲倦的微笑，搖著頭說：

「不用了。」

早在幾年前，醫生就曾告誡愛因斯坦，他的那個主動脈瘤可能隨時會破裂，愛因斯坦總是一副不在意的樣子說：

「那就讓它破裂好了！」

人生的最後一件大事就要來臨了，愛因斯坦已經做好了充分的心理準備，沒什麼可怕的，也沒什麼好遺憾的。他的一生，凡是能夠做到的事，他都努力去做了。

四月十六日，愛因斯坦的病情進一步惡化。海倫小姐又匆匆地跑去找醫生。

醫生讓愛因斯坦住院治療，但愛因斯坦只是搖頭，怎麼都不肯去醫院。但是，幾年前的一件事讓醫生有了主意。

有一次，這位醫生在給愛因斯坦看病時，給他配了幾種藥片和一瓶藥水，讓他服用。愛因斯坦順從地吞下藥片，然後嘆了口氣，對醫生說：

「你看，這樣會不會好點呢？」

愛因斯坦的表現，好像吃藥完全是為了讓醫生好受一點，而不是為了給自己治病。

由此，醫生也看出了這位偉大的科學家身上同樣有著偉大的人道主義精神——生命的意義在於設身處地地為別人著想，為他人解憂。

所以，這一次醫生也對愛因斯坦說：

「教授先生，您看海倫小姐已經挺不住了，我看她也要生病了。」

這句話果然奏效。愛因斯坦看了一眼海倫——他忠實的助手，自從一九二八年就跟隨愛因斯坦，先當祕書，後來又擔任管家，現在還要兼當護士照顧他。她確實是疲憊不堪了。

愛因斯坦終於住進了普林斯頓那家小小的醫院。但一到醫院，他就打電話要家裡人將他的眼鏡、鋼筆和一封沒寫完的信以及一篇沒有做完的計算題送到醫院來。

生命垂危的愛因斯坦在病床上欠了欠身子，戴上老花眼鏡，伸出顫顫巍巍的手想拿起筆。可是手還沒等觸及到筆，他就感到一陣頭暈目眩，寬大的布滿皺紋的額頭上冒出了一層汗珠。

第二天是星期日，愛因斯坦自我感覺稍好一些了。大兒子漢斯從加州乘飛機趕來看望他，他的幾位好友和研究所的幾位親近的同事也都來看望他。在和朋友們聊天時，愛因斯坦依然從容不迫，深刻幽默。

當他看到一位朋友愁容滿面時，便安慰他說：

「別難過，人總有一天是要死的！」

（二）巨星隕落

在住院期間，愛因斯坦是還談到了自己的身後事。他再三囑咐，切不可將他現在的住所當成人們「朝聖」的紀念館，他在研究所的辦公室也一定讓給別人繼續使用。他希望除了他的科學理想與社會理想之外，他的一切都跟隨他一起死去。

愛因斯坦還談到了科學。在談到美國公民權遭到踐踏和世界和平前景一片黯淡時，愛因斯坦滿臉的憂傷。

晚上，愛因斯坦讓海倫回家去休息。

深夜，值班的護士忽然發現愛因斯坦呼吸困難，就想快點叫醫生過來。剛走到房門口，就聽見愛因斯坦用德語說了幾句話，但具體說的什麼護士沒有聽清楚。

不久，愛因斯坦的心臟停止了跳動。這一刻是一九五五年四月十八日十一時二十五分。

愛因斯坦的遺囑早已聞名，那就是不舉行宗教儀式，也不舉行任何官方的儀式。按照他的願望，就連下葬的時間和地點除了護送他的遺體去火葬場的少數幾位親密朋友外，其他人一概不知。

四月十八日的下午四時，只有十二個最親近的人跟在愛因斯坦靈柩的後面，將他的遺體送到離城幾里外的殯儀館火化。沒有花圈，沒有樂隊，沒有演說，也沒有任何的宗教儀式，根據他生前擬就並簽字親手交給海倫的遺囑意願，他的骨灰將被撒向大地，而且不發訃告，不辦葬禮，不建墳墓，不立紀念碑。

然而，小普林斯頓的市民們還是知道了愛因斯坦去世的消息。幾乎全城的人都自動穿起黑色的西裝或長裙，舉著白色的蠟燭，靜靜地守候著愛因斯坦的寓所外面默哀。

當地的《普林斯頓市民報》也抑制不住沉痛的心情，在末版的角落裡發布了一則悼詞，落款是報社全體同仁。

沒想到半天後，以美國《華盛頓郵報》為首的各大報紙，都以頭版加黑框發布了愛因斯坦去世的這一消息。

巨星隕落了。

兩個多世紀一來，科學巨人愛因斯坦的逝世引起了英國和歐洲的一片悲慟。

第十八章　因病離世

現在，幾乎在剎那間，電訊、電報、電話都越洋過海，全世界所有的媒體都在向人類沉痛地宣告：

「當代偉大的物理學家愛因斯坦逝世，終年七十六歲。」

全世界的人民也都為這個消息感到悲痛，唁電和唁函從世界的每一個角落飛往普林斯頓。它們或來自學術團體，或來自國家元首和政府首腦，或來自著名的科學家，甚或來自一個個普通的男男女女。人們懷念他，因為他改變了人類對宇宙的認識，拓寬了科學造福於人類的領域；人們敬重他，因為他發對暴力，爭取和平、自由、民主，為人類的進步進行了不屈不撓的鬥爭。

只有將全部身心都奉獻給自己事業的人，才有希望成為名符其實的大師，因為大師的高超才華需要一個人的全部心血鑄就。愛因斯坦就是這樣一個人，就是這樣一個將全部身心都奉獻給自己事業的超級大師。他的摯友、偉大的物理學家朗之萬曾這樣評價愛因斯坦：

在我們這一時代的物理學家中，愛因斯坦將位於最前列。他現在是，將來也還是，人類宇宙中有頭等光環的一顆巨星。我們很難說他究竟是同牛頓一樣偉大，還

（二）巨星隕落

是比牛頓更偉大；不過，可以肯定地說，他的偉大是可以同牛頓相提並論的。按照我的理解，他也許比牛頓更偉大，因為他對於科學的貢獻，更加深刻地進入了人類思想基本概念的結構當中。

在殯儀館的小教堂當中，愛因斯坦遺囑的執行人納坦向長眠於地下的科學巨人及他的十二位最親近的人朗誦道：

我們全都獲益匪淺，
全世界都感謝他的教誨；
那專屬於他個人的東西，
早已傳遍全世界。
他就像行將隕滅的彗星，光華四射，
將無線的光芒同他的光芒永遠連接……

第十九章　一生的巨大貢獻

人只有獻身於社會，才能找出那短暫而有風險的生命的意義。

——愛因斯坦

（一）世紀偉人

愛因斯坦是二十世紀最偉大的物理學家、科學革命的領航者。在一生當中，愛因斯坦創立了代表現代科學的相對論，並為核能開發奠定了理論基礎，在現代科學技術和其深刻影響及廣泛應用等方面開創了現代科學的新紀元，被公認為是自伽利略、牛頓以來最偉大的科學家、思想家。一九九九年十二月二十六日，愛因斯坦被美國《時代週刊》評選為「世紀偉人」。

愛因斯坦的科學生涯開始於一九零零年。當時，他正處於大學畢業後的失業痛苦之中。從一九零零年到一九零四年，由於興趣愛好及刻苦研究，他每年都會寫一篇論文發表在德國的《物理學雜誌》上。開始的兩篇是關於液體表面和電解的熱力學的。愛因斯坦企圖給化學以力學的基礎，但不久後他就發現這條路行不通，轉而開始研究熱力學的力學基礎，並提出了統計力學的一些基本理論。

一九零二年，愛因斯坦從力學定律和機率運算推導出熱平衡理論和熱力學的第二定律，並發表了論文；一九零四年，他又認真地探討了統計力學所預測的漲落現象，發現量子漲落（或體系的熱穩定性）取決於波茲曼常數。為此，他不僅將這一結果用於力學體系和熱學現象，還大膽地將其用於輻射現象當中，從而得出輻射能的漲落公式，導出維恩位移定律。

漲落現象的研究，也令愛因斯坦在輻射理論和分子運動論兩個方面同時取得了重大的突破。

一九零五年，愛因斯坦在科學史上又創造了一個史無前例的奇蹟。這一年，他一共寫了六篇論文，並利用工作之外的業餘時間，在三個領域內作出了四個具有劃時代意義的貢獻。

第一個貢獻就是創立了光量子論。

一九零五年三月，愛因斯坦發表論文《關於光的產生和轉化的一個推測性的觀點》，將普朗克於一九零零年提出的量子概念擴充到光在空間中的傳播，從而提出光量子假說。這也是歷史上第一次揭示了微觀客體的波動性和粒子性的統一性，即波粒二象性。

在論文的結尾，愛因斯坦還用光量子概念解釋了光電現象，推導出光電子的最大能量同入射光的頻率之間的關係。但是，這一關係直到十年後才由羅伯特·密立根透過實驗證實。由於光電效應定律的發現，愛因斯坦獲得了一九二一年度的諾貝爾物理學獎。

第二個貢獻是創立了分子運動論。

一九零五年的四月、五月和十二月，愛因斯坦分別寫了三篇關於液體中懸浮粒子運動的理論論文。

液體中懸浮粒子運動是由英國植物學家羅伯特．布朗於一八二七年首次發現的，因此也被稱為布朗運動。當時，愛因斯坦是想透過觀測由分子運動的漲落現象所引起的懸浮粒子的無規則運動來測定分子的大小，以解決半個多世紀以來科學界和哲學界爭論不休的原子是否存在的問題。一九零八年後，愛因斯坦關於這一理論的預測被法國物理學家J.B. 佩蘭透過實驗證實是正確的和科學的。

第三個貢獻就是創立了狹義相對論。

一九零五年六月，愛因斯坦發表了一篇開創物理學新紀元的長篇論文——《論動體的電動力學》。這篇論文科學完整地提出了狹義相對性理論，在很大程度上解決了古典物理學在十九世紀末期出現的危機，推動了整個物理學理論的發展與進步。

為克服新的實驗事實同舊的物理理論體系之間存在的矛盾，愛因斯坦從自然界的統一性觀點出發，考察了這樣的問題：牛頓力學領域中普遍成立的相對性原理，為什麼在電動力學中是不成立的？而根據法拉第的電磁感應實驗，這種不統一性顯然不是現象所固有的，那麼問題就一定出在古典物理理論基礎之上。

愛因斯坦吸取經驗論哲學家休謨對先驗論的批判和馬赫對牛頓的絕對空間與絕對時間概念的批判，從分析兩個在空間上相互分隔的事件的「同時性」問題下手，否定了沒有經驗根據的絕對同時性，進而又否定了絕對時間、絕對空間的概念，以及「以太」的存在，認為傳統的空間和時間概念必須加以修改。

他還將伽利略發現的力學運動相對性這一具有普遍意義的基本實驗事實提高為一切物理理論都須遵循的基本原理；同時又將所有「以太漂移」實驗所顯示的光在真空中總以確定速度傳播的這一基本事實提高為原理。

這種改造與提升其實是一種物理性推廣，將古典力學作為相對論力學在低速運動時的一種極限情況。這樣一來，力學與電磁學也就在運動學的基礎上連結起來了。

（二）引力波的存在

狹義相對論建立後，愛因斯坦並不滿足，而是力求將相對性原理的適用範圍推廣到非慣性系。

透過不懈的努力，愛因斯坦從伽利略發現的「引力場中的一切物體都具有同一加速度（即慣性質量同引力質量相等）」這一實驗事實中找到了突破口。一九零七年，愛因斯坦提出了等效原理，即：

「引力場同參照系的相當的加強度在物理上完全等價。」

並且還由此推論：

「在引力場中，鐘要走得快，光波波長要變化，光線要彎曲。」

在這一年，愛因斯坦大學時代的老師、著名幾何學家赫爾曼．閔考斯基還提出了狹義相對論的四維空間表示形式，為愛因斯坦相對論的進一步發展提供了可利用的數學工具。遺憾的是，愛因斯坦當時並未認識到這一理論的價值而加以利用。

一九一一年，愛因斯坦又根據等效原理和惠更斯菲涅耳原理推導出光線經過太陽附近的偏轉值。一九一二年初，他透過分析剛性轉動圓盤，認為在引力場中歐幾里得幾何並非嚴格有效；同時還發現：勞侖茲變換也不是普通適用的，而是需要尋求更加普遍的變換關係。為保證能量—動量守恆，引力場方程也必須是非線性的。因此，愛因斯坦發現：等效原理只對無限小的區域有效。

一九一二年十月，愛因斯坦在他的同班同學、當時在母校任數學教授的格羅斯曼的幫助下，學習了黎曼幾何和格雷戈里奧・里奇-庫爾巴斯托羅的絕對微分學（即張量分析）。

經過一年多的努力與合作，一九一三年，愛因斯坦與格羅斯曼共同發表了重要的論文——《廣義相對論綱要和引力理論》，提出了引力的「度規場理論」。

在這一理論中，用來描述引力場的不是標量，而是度規張量，也就是用十個引力勢函數來確定引力場。這也是物理學上首次將引力和度規結合起來，從而使黎曼幾何獲得了更為實際的物理意義。

從一九一五年到一九一七年，愛因斯坦迎來了他的科學成就的第二個高峰，同樣也在三個不同的領域裡分別獲得了巨大的歷史性成就。除廣義相對論外，一九一六年，愛因斯坦在輻射量子論方面又作出了重大突破；一九一七年又開創了現代科學的宇宙學。

一九一六年三月，愛因斯坦在完成了廣義相對論的總結以後，又研究了引力場方程的近似積分，發現了一個力學體系變化時必然發射出以光速傳播的引力波。愛因斯坦指出，原子中沒有輻射的穩定軌道的存在，無論是從電磁觀點還是從引力觀點來看，這都是十分神祕的。因此，愛因斯坦認為：

「量子論不僅要改造馬克士威的電動力學，而且還要改造新的引力理論。」

不久，當愛因斯坦重新回到量子輻射的問題上時，他便依照這一意圖提出了自發躍遷和受激躍遷的概念，並給出普朗克輻射公式的新推導。

但是，引力波問題提出後，在科學界引起了巨大的異議。而且由於引力波的強度太弱，難以透過實驗進行檢測，因此在很長一段時間內都沒能引起人們注意。

直到二十世紀六零年代，檢測引力波的實驗才逐漸形成熱潮，但卻都沒有達到檢測所要求的最低精度。直到一九七九年，引力波的存在才得以證實。

（三）它將被遺忘，但它將來會被重新發現

一九一七年，愛因斯坦又用廣義相對論的結果探索整個宇宙的時空結構，並發表了開創性的論文《根據廣義相對論對宇宙學所作的考查》。

這篇論文深刻地分析了「宇宙在空間上是無限的」這一傳統觀念，指出它與牛頓的引力理論和廣義相對論引力論都是不協調的。其實，當時的人們還無法為引力場方程在空間無限遠處給出合理的邊界條件。愛因斯坦認為，其可能的出路就是將宇宙看成一個「具有有限空間（三維的）體積的自身閉合的連續區」。以科學論據推論宇宙在空間上是有限無界的，這在人類歷史上還是第一次。它令宇宙學擺脫了純粹猜測性的思辨，從而進入到現代科學領域之內，成為宇宙觀的一次重大革命。

廣義相對論建成後，愛因斯坦同樣不滿足，而是試圖將廣義相對論繼續加以推廣，使之不僅包括引力場，也包括電磁場。也就是說，他要尋求一種統一場的理論。

愛因斯坦認為，這是相對論發展的第三個階段。它不僅要將引力場和電磁場統一起來，還要將相對論和量子論統一起來，為量子物理學提供合理的理論基礎。

最初的統一場論是由數學家韋耳於一九一八年將通常的四維黎曼幾何加以推廣而得出來的。愛因斯坦對這一理論表示讚賞，但同時他也指出：這一理論所得出的線索並非不變量，而是與它過去的歷史有關。

隨後，數學家卡魯查又於一九一九年試圖用五維流形來達到統一場論，同樣得到了愛因斯坦的讚賞。

一九二五年後，愛因斯坦開始全力以赴探索統一場論。但是，研究的過程並不順利。一九二八年，愛因斯坦又轉入純數學的探索，嘗試用各種方法進行研究，但都未能取得具有真正物理意義的結果。

從一九二五年到一九五五年的這三十年中，愛因斯坦幾乎將他全部的精力都用於探索統一場論。一九三七年，在兩位助手的協助下，愛因斯坦從廣義相對論的引力場方程中推導出運動方程，從而揭示了空間-時間、物質與運動之間的統一性。這是廣義相對論的重大發展，也是愛因斯坦在科學研究中所取得的最後一個重大成果。但在統一場論方面，他始終未能成功。一直到臨終的前一天，他還在病床上繼續統一場論的數學計算。

其實在一九四八年時，愛因斯坦就意識到：

「我完成不了這項工作；它將被遺忘，但它將來會被重新發現。」

幸運的是，歷史的發展沒有辜負愛因斯坦。二十世紀七零年代到八零年代，科學界中一系列的實驗都有力支持統一場論，統一場論的思想也逐漸以新的形式顯示出它的生命力，為物理學未來的發展提供了一個大有希望的前景。

雖然統一場論的研究沒有獲得成功，但無可置疑的是，愛因斯坦的一生是偉大的。他開創了物理學上的一個新紀元，為物理學的發展指明了方向，其一生也為物理學的發展做出了巨大的貢獻。

電子書購買

國家圖書館出版品預行編目資料

天才有極限：科學奇葩阿爾伯特．愛因斯坦 / 侯東政著 . -- 第一版 . -- 臺北市：崧燁文化事業有限公司 , 2022.02
面； 公分
POD 版
ISBN 978-626-332-012-3(平裝)
1.CST: 愛因斯坦 (Einstein, Albert, 1879-1955) 2.CST: 傳記 3.CST: 美國
785.28 110022197

天才有極限：科學奇葩阿爾伯特．愛因斯坦

臉書

作　　者：侯東政
發 行 人：黃振庭
出 版 者：崧燁文化事業有限公司
發 行 者：崧燁文化事業有限公司
E-mail：sonbookservice@gmail.com
粉 絲 頁：https://www.facebook.com/sonbookss/
網　　址：https://sonbook.net/
地　　址：台北市中正區重慶南路一段六十一號八樓 815 室
Rm. 815, 8F., No.61, Sec. 1, Chongqing S. Rd., Zhongzheng Dist., Taipei City 100, Taiwan
電　　話：(02)2370-3310　　**傳　　真**：(02) 2388-1990
印　　刷：京峯彩色印刷有限公司（京峰數位）
律師顧問：廣華律師事務所 張珮琦律師

定　　價：350 元
發行日期：2022 年 02 月第一版
◎本書以 POD 印製